Von Liebe, Freundschaft und Glück

Florian Langenscheidt

Von Liebe, Freundschaft und Glück

HEYNE

Umwelthinweis:
Dieses Buch wurde auf chlor- und säurefreiem
Papier gedruckt.

Umschlagbild und Innenillustrationen:
Gabriele Quandt-Langenscheidt
Umschlaggestaltung: Hauptmann und Kampa
Werbeagentur, München – Zürich
Redaktion, Layout und Satz: Grit-Uta Göhring
Druck und Bindung: RMO-Druck, München
Printed in Germany

ISBN 3-453-12014-0

Inhalt

Vorwort des Autors

In diesem Buch geht es um das Schönste und zugleich Schwierigste in unserem Leben: um große Gefühle. Es geht um rasende Verliebtheit und um lebenslange Liebe, um Freundschaft und um Mitgefühl – und somit um unser aller Glück.

So elementar sind diese Gefühle, dass sich kaum ein Redner oder Autor traut, ganz unverblümt darüber zu sprechen oder zu schreiben. Ich mache den Versuch und habe keine Sekunde des Nachdenkens bereut. Zu wichtig ist all das, als dass wir es einfach mitlaufen lassen können in der Bewältigung des Alltages.

Die Texte sind in sehr unterschiedlichen Situationen und Stimmungen entstanden und verleugnen das nicht. Sie sind mal emotional und mal sachlich, mal dekoriert mit schönsten Zitaten und mal selbstbewusst ohne solche intellektuelle Zier auskommend, mal komisch und mal ernst. Es wäre ohnehin unmöglich gewesen, die sehr unterschiedlichen Themen stilistisch gleichsam über einen Kamm zu scheren. Der umwerfende und alles mitreißende Moment des Sich-Verliebens z. B. lässt sich nur ganz persönlich und konkret vermitteln, der Versuch, daraus dauerhafte Liebe zu machen, hingegen durchaus mit allgemeinen Gedanken und Erfahrungssätzen.

Das Buch ist dramaturgisch aufgebaut wie eine kleine Oper. Ouvertüre ist ein groß angelegter und in sich eigenständiger Text über das Glück als Grundlage, Klammer und Zielpunkt aller folgenden Überlegungen; daher klingen hier zitathaft schon alle großen Gefühle an. Haben Sie nur Zeit für eines der fünf Kapitel, lesen Sie daher bitte dieses. Dann geht es mit Leidenschaft und schnellem Tempo in die Handlung zwischen den Menschen (bitte in der vorgegebenen Reihenfolge lesen!). Es verlangsamt ein wenig in stabileren Beziehungen und endet fulminant mit dem, das unsere zerrissene Welt überhaupt zusammenhält.

Jeder Mensch ist Experte in großen Gefühlen. Deshalb bin ich sehr gespannt, was Sie von meinen Gedanken halten. Bitte schreiben Sie mir: mail@florian-langenscheidt.de.

Vielleicht wird ein weiteres Buch daraus.

Vom Glück

Versuche nicht, den Sinn des Lebens zu finden,
sondern gib deinem eigenen Leben einen Sinn.

Paulo Coelho

Warum die ganze Mühe von früh bis spät? Warum Politik, Moral, Recht, Medizin? Worin liegt der Sinn aller Existenz – wenn nicht im Glück? Ob kurz- oder langfristig gesehen, ob mehr aus der Sicht des Individuums oder mehr im Sinne der Allgemeinheit, welche Leitschnur des Handelns, Denkens und Wertens bleibt uns, wenn nicht die der »greatest happiness of all«?

Hier muss das Zentrum allen Strebens liegen, der Maßstab zur Bewertung, ob wir das Richtige tun in der uns vergönnten Zeit. Macht dieser Krieg die Menschen langfristig wirklich glücklicher, vermehrt jene gentechnologische Möglichkeit mit ihren Chancen und Risiken das Glückspotenzial von uns allen oder gefährdet sie es eher – wie sonst, wenn nicht mit dieser Art des Fragens, sollen wir die schwierigen ethischen Dilemmas des Lebens lösen? Was sonst kann Ziel unserer Urteile und Handlungen sein?

Trotzdem nimmt die Frage nach dem Glück eigenartig wenig Raum ein in unserer Welt. Wir scheinen fehlgeleitet zu sein. Woran mag das liegen?

Wir sind gestresst, abgelenkt von Details,

rennen im Hamsterrad des Alltags herum und hören nicht mehr auf unsere innere Stimme.

Die Werbung um uns herum betreibt eine solch unglaubhafte Inflationierung der Abziehbilder kleinen und großen Glücks, dass wir Ernsthaften uns mit Schauder abwenden und lieber gar nichts mehr davon wissen wollen. Was kann das für ein Glück sein, wenn es durch saubere Wäsche, ein neues Auto oder eine gute Margarine auf dem Frühstückstisch in Sekunden auf unsere Gesichter zu zaubern ist?

So setzt allein die Beschäftigung mit dem Thema Glück heftig dem Vorwurf der Oberflächlichkeit und Blauäugigkeit aus. Welcher tiefe Geist kann denn angesichts der Not dieser Welt auch nur von Glück reden? Ist es nicht offensichtlich, dass wir Menschen gar nicht für das Glück gemacht sind? Und wenn es sich dann doch einmal einstellt, dann eher unbeabsichtigt und nur für kurze Zeit …

Das ist die Position der Intellektuellen. Und sie scheint uns alle mitzureißen. Dabei liegt es auf der Hand, warum sie die Stirn runzeln, wenn sie das Wort Glück auch nur hören. Die Psychologen würden ihrer Arbeit beraubt, würde die Vision vom allgemeinen Glück wahr – denn welcher Glückliche würde ihre Praxis aufsuchen? Die Journalisten müssen Glück langweilig finden, denn »only bad news are good news«. Auch die Autoren schreiben weitaus lieber von einer zerbrochenen oder unmöglichen Liebe als von einer gelungenen. Kulturelle Höchstleistungen ganz allgemein – so hat uns schon Freud klarzumachen versucht – können nur auf Triebverzicht, Sublimierung und Unterdrückung des Lustprinzips beruhen …

Glück gibt es nicht von der Stange; nur Unsensible können angesichts des Zustandes unserer Welt so etwas empfinden; außerdem ist es nicht vorauszusagen, nicht zu erklären, nicht zu systematisieren, nicht in Schemata einzuordnen, dieses magische Gebilde Glück. So denken die meisten Intellektuellen verschiedenster Provenienz.

Und die Philosophen? Immerhin suchen sie professionell nach dem Sinn des Lebens und recherchieren die Bedeutung unseres Seins. Cicero gab vor: »Die Untersuchung des glücklichen Lebens ist der einzige Gegenstand, den sich die Philosophie zum Zweck und Ziel setzen muss.«

In der Tat: Die Zahl der Versuche und Traktate ist beeindruckend. Epikur, Plato und Aristoteles, Locke und Diderot, Lao-Tse und Konfuzius, Kant, Feuerbach, Schopenhauer und Nietzsche, Bentham und Mill, Marcuse, Adorno, Russell, Bloch und Watzlawick – sie alle haben sich mit dem Thema auseinander gesetzt. Thomas von Aquin hat darüber meditiert und Georg Wilhelm Friedrich Hegel konstatiert, dass die Perioden des Glücks nur leere Blätter in der Weltgeschichte seien. Nur stellt sich nach genauer Lektüre all des Gedachten das unangenehme Gefühl ein, nicht wirklich erhellt worden zu sein. Der eine geht zu idealistisch an unser aller Hauptziel heran, der andere rein materialistisch. Der eine versucht es mechanisch-mathematisch, der andere nur mystisch. Mancher isoliert den Einzelnen und glaubt, Glück könne man mit purem Egoismus erreichen, manch anderer sieht »the conquest of happiness« als planbare Massenbewegung. Es ist eigenartig, aber jeder dieser großen Geister testet seine spezifische Weltsicht an einem Objekt, das diese aufgrund seiner Komplexität scheitern lassen muss und ihre ideologische Verengung offen legt. Ob solch verhängnisvolle Tunnelsicht an mangelnder Erfahrungsbreite der Philosophen liegt oder ob einfach rechte Hirnhälfte, Intuition und Bauchgefühl ausgeschaltet wurden, ist schwer zu beurteilen. Vielleicht wären wir weitergekommen, hätten mehr Frauen über das Thema geschrieben …

Das Wichtigste nun aber: Wir dürfen die geschilderte zentrale Bedeutung des Glücks für unser Denken, Werten und Handeln nicht aus den Augen verlieren all der aufgelisteten Vorurteile und Befangenheiten einflussreicher Intellektueller wegen. Sie haben viel geleistet auf anderem Gebiet – zur Erforschung des menschlichen Glücks haben sie wenig beigetragen. Hier liegt einer unideologischen Herangehensweise ein riesiges und extrem wichtiges Forschungsfeld zu Füßen. Beackern wir es mit Fantasie und Energie, denn wo können Ergebnisse produktiver und inspirierender sein für die Menschheit?

Ein erster Rundgang um das schöne Feld:

Glück transzendiert die Sinnfrage. Wer glücklich ist, fragt nicht, warum.

Glück überwindet jeden objektiven Begriff von Zeit. »Dem Glücklichen schlägt keine

Stunde«, heißt es bei Schiller – und Goethes Faust will angesichts der Schönheit des Momentes nur eines: Er möge doch verweilen. Glück kann nur Sekunden dauern, sich aber als gefühlte Zeit wie eine kleine Ewigkeit ausnehmen; oder es kann Monate andauern und diese wie einen Augenblick im Himmel erscheinen lassen. Und die Vorfreude weit vor der realen Zeit ist oft schöner als das glückliche Erlebnis selbst.

Glück hängt ganz eng zusammen mit Freiheit und Selbstbestimmtheit.

Es entzieht sich auf magische Weise jedem System, jeder zu direkten Intentionalität. Es kommt und geht und lässt sich nur begrenzt steuern. Da helfen keine Ratgeber, Selbstverwirklichungsseminare oder »Be happy!«-Beschwörungen. Es ist manchmal da, wenn wir es gerade gar nicht erwarten, und glänzt durch Abwesenheit, wenn alles nach ihm schreit – an manchem Weihnachtsfest, nach einer bestandenen Prüfung oder selbst während der Flitterwochen.

Jeder von uns kennt das: Man ist so richtig guter Dinge, ohne eigentlich zu wissen, warum. Immer wieder auch merken wir erst im

Nachhinein, wie glücklich uns eine bestimmte Situation gemacht hat.

Wir können versuchen, das Glück und das Unglück zu zähmen: Lotterien und Versicherungen leben davon. Nur gelingen wird es uns nicht.

Und Glück lebt vom Unglück. Es braucht den Kontrast. Nur Glück geht nicht. Genauso wenig wie nur Schokolade essen oder immer küssen im Sonnenuntergang.

So weit einige Beobachtungen vom Rand des Feldes, auf dem das Glück blüht.

Doch was lässt sich inhaltlich sagen? Was wächst auf dem Feld? Was braucht der Mensch zum Glücklichsein?

Der deutsche Autor Theodor Fontane meinte lapidar: »Ein gutes Buch, ein paar Freunde, eine Schlafstelle und keine Zahnschmerzen.« Das ist charmant formuliert und wird allgemeine Zustimmung finden, reicht aber nicht. Jede Lebenserfahrung über individuelle, historische und nationale Grenzen hinweg zeigt, dass eine inhaltliche Festlegung von Glück zum Scheitern verurteilt sein muss. Glück ist so einzigartig wie unsere Augen und unser Lächeln. Was dem einen Glück bedeutet, ist Langeweile für den anderen. Der eine liebt Opernarien, der andere die wöchentliche Wäsche seines Autos. Die einen Fans sind glücklich, wenn wieder mal Bayern München gewinnt, die anderen, wenn Werder Bremen die entscheidenden Punkte macht. Und selbst fanatische, religiös motivierte Selbstmordattentäter sind wahrscheinlich auf irgendeine perverse Art glücklich im Moment ihrer Tat.

Aber es gibt Bedingungen, welche die Pflanze auf unserem Forschungsfeld bestens gedeihen lassen und deren Fehlen zumeist Brachland des Glücks entstehen lässt. Sie sind tief verwurzelt in der Natur der Spezies Mensch und stellen essenzielle Zutaten für den Cocktail glücklichen Lebens dar. Sie sind im Sinne der Logik weder notwendig noch hinreichend für Glück, aber extrem wichtig dafür. Kurzfristig geht Glück auch mal ohne die eine oder andere, langfristig braucht der Mensch zumindest eine qualifizierte Mehrheit davon, um glücklich sein zu können.

Zehn solche Wetter- und Bodenbedingungen für das Land des Glücks gibt es wohl – und wahrscheinlich sind sie anthropologische Konstanten. Hier sind sie:

1. An seine eigene Schulter kann man sich nicht lehnen

Was macht glücklicher – zu lieben oder geliebt zu werden? Zu schenken oder beschenkt zu werden?

Wir brauchen uns nicht das Selbstverständliche zu bestätigen. Natürlich können Glück und Wohlstand nur entstehen durch Wettbewerb, Leistungswillen, Ehrgeiz und eine gesunde Portion Egoismus. Natürlich ist der Kapitalismus das einzige System, das uns weiterbringt. Und natürlich trägt er raubtierhafte Elemente des Kampfes aller gegen alle in sich – und braucht dies, um Fortschritt zu erringen.

Aber er muss beseelt werden durch Menschlichkeit und Wärme.

Dem Menschen an sich ist die Mit-mir-nicht-Mentalität einer erkalteten Gesellschaft fremd. Sich selber küssen geht nur in einem kalten Spiegel.

Wir wissen aus der Wirtschaft, dass wir im Team immer besser sind – und dass Teamarbeit bedeutet, sich oft mühsam auf andere einzustellen und sie im Prozess zu halten.

Wir wissen aus der Evolutionsforschung,

dass der Natur das Individuum unwichtig ist – und nur die Erhaltung der Art zählt.

Wir wissen aus der Psychologie, dass der Weg zum persönlichen Glück immer über den Umweg des Glücks anderer führt – oder anders gesagt, dass das Engagement für Familie, Freunde und Dritte paradoxerweise glücklicher macht, als sich immer nur um das eigene Fortkommen zu kümmern.

Wir brauchen einander in einem ganz existenziellen Sinne – und nicht nur in der freundschaftlichen Verbindung, in der Schulklasse, im Team, in Liebe und Leidenschaft oder zur Reproduktion. Wir brauchen den Pakt zwischen den Eltern, die ihren Kindern durch Erziehung und Liebe ein Trampolin ins Leben bauen, und der nächsten Generation, die sich später fürsorglich um die alt gewordenen Eltern kümmert. Wir brauchen in der Altersvorsorge den Pakt zwischen den Generationen, d. h. zwischen den Arbeitenden und den Ruheständlern. Wir brauchen zu Frieden und Stabilität in einer zusammenwachsenden Welt gemeinsame Anstrengungen zur Sicherung des Notwendigsten für die Ärmsten der Armen, sonst werden wir viele Flugzeugangriffe auf Wolkenkratzer und Geiselnahmen in Schulen und Theatern erleben. Wir sind Engel mit nur einem Flügel – aber eben nicht nur in dem romantischen Sinne, dass nur in der Liebe der Mensch zum Menschen wird.

Und paradoxerweise geht es bei alldem immer um Eigeninteresse, die Triebfeder hinter Kapitalismus und Marktwirtschaft. Ich selbst kann in meinem Leben nur dann glücklich und erfolgreich sein, wenn ich es nicht allein auf meine Interessen hin lebe, sondern mindestens gleichwertig auf die meiner Mitmenschen hin. Daher muss kein Pfarrer auf die Belohnung im Jenseits verweisen. Wir erhalten sie hier und heute durch die immense Befriedigung, aus dem begrenzten eigenen Kosmos zu treten und sich als Teil eines Ganzen zu fühlen.

Um es in der Sprache der Golfer zu sagen: Der richtige Schwung, jener magische Moment, in dem alles stimmt, führt von mir selbst weg.

(Mehr dazu im Kapitel »Vom Mitgefühl«)

2. Lachen entlastet

Wenn man Ehepaare, die länger als fünfzig Jahre glücklich verheiratet sind, nach ihrem Geheimrezept fragt, kommt eines immer: Humor. Wer nicht über sich und andere lachen kann, erträgt das Leben spürbar schlechter. Wer seinem eigenen Scheitern nicht auch komische Seiten abgewinnen kann, wird eher wirklich scheitern. Und selbst unheilbare Krankheiten lassen sich besser mit Humor ertragen.

3. Ohne Freundschaft geht es nicht …

Beobachten wir doch nur die Kinder! Wie unumstößlich ist Freundschaft im Kindergarten! Aus dem ganzen Gewusel von Vierjährigen wählen sich unsere Kinder drei aus, und das sind die Freunde oder Freundinnen. Da gibt es kein Pardon, da gibt es keine Alternative – und klar wird, wie tief verwurzelt Freundschaft im Menschen ist und wie schwer vorstellbar Leben ohne sie.

Woher nur kommt das Gefühl? Warum gerade der und nicht jener oder die und nicht jene? Jeder von uns lernt so unendlich viele Menschen kennen, aber plötzlich ist da jemand, dem man etwas länger in die Augen schaut. Man spürt Gemeinsamkeiten, Sympathie. Man berührt den Arm des anderen aus einem bestimmten Gefühl heraus, unterschreitet die Normaldistanz. Lacht gemeinsam. Ein Gefühl wunderbarer Nähe entsteht, man freut sich an- und aufeinander. Aristoteles fasst es auf das Wunderbarste zusammen: »Ein Freund ist eine Seele in zwei Körpern.«

Daraus entsteht sie dann, diese existenzielle Verbindung. Man kann über alles reden, sich offen kritisieren, ohne zu verletzen, und nimmt doch den anderen, wie er ist. Kein Rollenspiel, keine Show ist nötig. Man muss nichts beweisen, wird nicht ausgelacht oder fallen gelassen. Freundschaft ist Aufforderung zum Selbstsein.

Das ist das eine Element. Und das andere:

Freunde sind füreinander da. Sie sind in jedem Moment und an jedem Ort bereit zur Hilfe und zu Opfern. Sie können sich aufeinander verlassen, in guten und in schlechten Tagen.

Wenn sie gut ist, bettet eine Freundschaft ein und federt ab. Sie bewahrt vor jeder Art von Kurzschlusshandlung (ob in Pubertät oder

Midlifecrisis), sie bildet ein Netz der Fürsorge und Eingebundenheit und wird zu einem Alter Ego, das uns beschützt – manchmal vor uns selbst. Ohne sie ist Glück schwer vorstellbar.

(Weitere Gedanken dazu in »Von der Freundschaft«)

4. … ohne Liebe erst recht nicht!

Im Kapitel »Verliebt!« wird ein weiser Vater seinem Sohn zu dessen junger Liebe zu Rebekka sagen:

»Mein Sohn, was du gerade erlebst, ist das Schönste, das Menschen widerfahren kann. Es ist ein Geschenk des Himmels, das uns allen Schmerz und alle Mühe unseres Lebens vergessen lässt. Es ist der goldene Rahmen um unsere Existenz.

Wenn du Gott wärest und das Idealbild einer Frau erschaffen wolltest, würdest du Rebekka formen. Alle anderen Frauen erscheinen dir armselig neben ihr. Leben ohne sie ist unvorstellbar für dich. Du möchtest sie auf Händen tragen, sonnen- und liebestrunken. Du hast nur einen Wunsch: bei ihr zu sein. Du fragst dich immer wieder, ob man vor Freude sterben kann.

Manchmal wird dir ganz schlecht vor Liebe. Rebekka ist die Luft, die du zum Atmen brauchst, sie ist dein Stern, dein Herz, deine andere Hälfte. Sie ist dein Alles. Deine Seele folgt ihrer – und ihre deiner. Jede Faser deines Seins will zu ihr, Sehnsucht wird dir zur zweiten Existenz.

Du willst mit Rebekka zusammen sein – für Stunden, Tage, Nächte, immer. Du wirst Gefühl und Begehren in ihren Urformen erleben, ohne Kompromiss und Fragezeichen. Deine Gedanken werden Purzelbäume schlagen und deine Emotionen mit dir durchgehen. Und dein Wille wird immer wieder gebrochen werden.

Du wirst rosa Marshmallows auf ihr Bett regnen lassen, Gartenhecken in Herzform anlegen und ihre wertvolle Uhr mit der Begründung über Bord werfen, Zeit zähle für euch nicht mehr. Regentropfen werden eure Tränen sein angesichts jeder Sekunde, die ihr nicht miteinander verbringt. Und auf deinen Wunschzetteln wird immer nur eines stehen: du, du, du für ewig.

Leben ohne Rebekka wird dir nicht mehr lohnend erscheinen, leer, reizlos und öde. Ich sage dir, mein Sohn: Wer sich nie verliebt hat, ist umsonst auf dieser Welt. Wir Menschenkinder finden unsere Bestimmung in der Liebe. In ihr buchstabiert sich das wirkliche Glück und singt das Leben die große Hymne auf sich selbst.«

Wie aus verklärter Verliebtheit realistische und lebenslange Liebe werden kann, wie aus rosaroten Wolken eine verlässliche und langfristig tragfähige Beziehung wird, findet sich im anschließenden Kapitel »Über Liebe«.

Glück braucht beides, Verliebtheit und Liebe …

5. Von Liebe allein kann man nicht leben

Natürlich kommen wir verliebt auch ohne Essen aus und erleben unvergessliche Glücksmomente auf entbehrungsreichen Reisen ohne feste Unterkunft. Aber auf die Dauer ist Glück nicht denkbar ohne die Befriedigung der Grundbedürfnisse: Essen, Trinken, Schlaf,

Wärme, Behausung, Licht. Die Ausgestaltung ist – wieder einmal – so individuell wie unsere Fingerabdrücke.

6. Das Allerwichtigste: Gesundheit und Schmerzfreiheit

Auch der Krebskranke im Krankenhaus hat Glücksmomente. Und Ärzte haben Recht, wenn sie keine Selbstmordpillen für den Fall des Falles verteilen – mit dem Hinweis, auf welch erstaunliche Weise der Mensch sich manchmal mit Lebenssituationen arrangiert, die er vorher als unerträglich angesehen hätte.

Aber dennoch: Glück verträgt sich schlecht mit Krankheit und Schmerz, mit Folter und Gewalt, mit Kriegen und Unterdrückung, mit Unfällen und Behinderungen, mit Abhängigkeit und Verfall. Weder beim Betroffenen selbst noch in seinem engsten Umfeld. Es ist Grund genug für eine Hymne an den Menschen, dass er seinem kranken und schmerzerfüllten Leben in einer kreativen oder auch trotzigen Weise Inseln des Glücks abgewinnen kann – aber eben in der Kategorie des »trotzdem«. Rückenwind erhält Glück durch die Beeinträchtigung der Physis gewisslich nicht. Zu stark ist dafür die Einheit von Geist, Seele und Körper.

7. Bau mir ein Trampolin!

Wer nicht Liebe erfuhr in den Jahren des Werdens und Wachsens, wer in der Kindheit nicht ein Gefühl von Gewolltsein und Gemochtwerden erlebte, wer im familiären Raum nicht spürt, dass sein Wohl anderen am Herzen liegt, läuft den Weg zum Glück unter stark erschwerten Bedingungen. In der Hitze Äthiopiens oder mit Ballast sozusagen.

Eltern legen durch ihre Fürsorge und Liebe den Grundstein für die Glücksfähigkeit ihrer Kinder. Durch ihre Vorbildfunktion und durch die Erziehung der Kinder werden sie lebenslang die wichtigsten Trainer für Glücksfähigkeit und Selbstsicherheit ihrer Sprösslinge sein.

Nur verhält es sich auch hier wie bei allen zehn Bedingungen des Glücks: Alles lässt sich transzendieren und überwinden, der Mensch findet immer Auswege, Ausnahmen, Schlupflöcher. Gerade große, prägende Persönlichkeiten haben ihre Besonderheit oft trotz schwieriger Kindheit entwickelt. Also nochmals: die Kategorie des »trotzdem« …

8. Wachbleiben für die kleinen Glücksmomente

Auf der Suche nach dem großen Glück übersehen viele Menschen gern, dass sein Unterfutter aus kleinen Momenten gewebt ist. Diese lassen uns lächeln, innehalten, jubilieren, auflachen oder verzückt in die Augen des Gegenübers schauen. Sie bilden den Stoff für Vorfreude und die Textur der Erinnerung. Sie blitzen auf in der Liebe oder der Freundschaft, im Flirt oder in der Familie, beim Essen oder auf Reisen, mit Kindern oder Kollegen, in der Natur oder im Kino. Hier sind ein paar:

- Kinderlachen
- Die spontane Erklärung: »Ich würde dich immer wieder heiraten!«
- Spüren, wie sehr sich die Großmutter über den Besuch zu Kaffee und Kuchen freut
- Liebevoll den Rücken eingecremt zu bekommen

› Ein frisches Bier
› Ferienanfang – und der erste Blick aufs Meer
› Aus Resten im Kühlschrank doch noch ein richtig schönes Abendessen zaubern
› Zwei Kilo weniger auf der Waage
› Flughafenverlegung, nachdem man zwölf Jahre lang unter der Einflugschneise gelebt hat
› Frühstück im Bett
...

Klar? Wer solche Momente übersieht und immer nur an Schulabschlüsse, Beförderungen, sportliche Erfolge und den Nobelpreis denkt, versäumt das Glück. Was stand kürzlich auf vielen New Yorker Bushaltestellen? »If happiness is just around the corner, turn often.«

9. Kraftvoll und kreativ gestalten

Den allerwenigsten Menschen reicht ein passives In-der-Ecke-oder-auf-einer-Bank-Sitzen zum Glück. Wir wollen gestalten, schaffen, unternehmen und vielleicht sogar etwas hinterlassen, das uns mal überlebt. Der eine formt Tonfiguren, der andere malt Stillleben. Der eine spielt Jazz, der andere gründet Unternehmen. Der eine hält Reden, der andere betreibt eine Kinderhilfsorganisation. Der eine stiftet eine Bibliothek, der andere zieht acht Kinder groß. Aber alle wollen sie mitgestalten beim Bau der Welt, in der wir leben. Und eine Spur hinterlassen …

Der Wille – und auch die Notwendigkeit – zu gestalten ist aber auch in einem übergreifenderen Sinne lebenswichtig für das Glück in unserem Leben. Wie wirklich ist denn unsere Wirklichkeit? Wie viel von dem, was wir als unsere Umwelt und unser Leben wahrnehmen und als glücklich oder unglücklich werten, ist denn objektiv vorgegeben und wie viel von uns selbst gemacht? Nehmen wir ein Beispiel – einen Verkehrsstau. Man sitzt in seinem Auto, schaut nach rechts und sieht, wie der Fahrer sich so darüber ärgert, dass er fast ins Lenkrad beißt vor Frust. Dann sieht man nach links. Gleiche Situation, ändern kann ohnehin keiner etwas (außer die Verkehrsplaner langfristig). Und da sitzt einer, der hat kurz per Handy informiert, dass er zwanzig Minuten zu spät komme, und nun genießt er Mozart und denkt an seine Geliebte …

Gleiche Situation, Verzweiflung beim einen, Vergnügen beim anderen. Also: Wie wirklich ist die Wirklichkeit? Keine Ahnung, wie das bei den Tieren ist, aber wir Menschen gestalten uns die Wirklichkeit zum großen Teil selbst, mit Fantasie und Seelenstärke.

Man denke nur an Tennis. Das Match wird im Kopf entschieden. Und damit auch, wer am Ende unglücklich in den Katakomben von Wimbledon verschwindet und wer glücklich einen großen Scheck und lange Ovationen entgegennimmt und abends mit den attraktivsten Männern oder Frauen feiert.

10. Das Management von Erwartungen

Ein Playboy-Model berichtete kürzlich, wie schwer es sei, an ihr interessierten Männern klarzumachen, dass sie real nicht so wie auf dem Centerfold aussehe. Stundenlang würde sie vor den Aufnahmen geschminkt und frisiert und tagelang danach am PC alles perfektioniert, weichgezeichnet und nachgearbeitet.

Ein Schönheitschirurg erzählte, dass die meisten jungen Mädchen zu ihm mit dem Wunsch kommen, wie Britney Spears auszusehen. Und dass er diese immer wegschicke, weil er sie nicht glücklich machen könne: Erstens könne er den Wunsch nicht erfüllen, und zweitens wären die Mädels selbst im Erfolgsfall nicht glücklich, da die Unzufriedenheit in ihnen selbst läge und sie sich schnell etwas anderes Unerreichbares suchen würden.

Von Woody Allen stammt das wunderbare Bonmot, er wolle in keinen Club, der ihn als Mitglied akzeptiere.

Und eine BBC-Befragung unter 45 000 Frauen ergab, dass 60 % der Befragten ihren eigenen Anblick im Spiegel nicht ertragen könnten.

Was verbindet diese Versammlung von Unglück? Vollkommen unrealistische Erwartungen, nie zu erfüllen und daher klassische Rezepte zum Unglücklichsein.

Glücklich ist, wer sich erreichbare Ziele setzt und sich über jeden erzielten Erfolg freut.

Und unglücklich, wer nur 2,80 Meter als Latte beim Hochsprung akzeptiert.

Glück ist laut Brockhaus Enzyklopädie die

»komplexe Erfahrung der Freude angesichts der Erfüllung von Hoffnungen, Wünschen, Erwartungen, des Eintretens positiver Ereignisse, Einssein des Menschen mit sich und dem von ihm Erlebten.«

Das waren die zehn Wetter- und Bodenbedingungen für das Land des Glücks. Langfristig geht Glück nicht ohne sie. Wer sie in seinem Leben hat, hat allen Grund zur Dankbarkeit. Sie sind der Rahmen – das Bild darin ist vom Individuum zu malen und verweigert sich in seinen Charakteristiken jeglicher Verallgemeinerung.

Wenn Faktoren in der Liste fehlen, die gemeinhin als wichtig fürs Glück gesehen werden, sind sie absichtlich nicht aufgenommen worden. Denn wir sollten uns bei jedem der folgenden Parameter genauestens überlegen, ob er wirklich hoch mit persönlichem Glück korreliert: Intelligenz, Bildung, Reichtum, Macht, Gläubigkeit, Zivilisiertheit, Rausch oder Attraktivität.

Wie viele leere und verzweifelte Topmodels gibt es und wie viele in sich ruhende, äußerlich eher unattraktive Menschen? Also Vorsicht vor

Klischees, wenn wir über das wichtigste Thema der Welt nachdenken. Und räumen wir gleich noch eines aus dem Weg: Alter und Glück haben nur relativ wenig miteinander zu tun. Da geht es wieder einmal um mentale Stärke, um das Management von Erwartungshaltungen, um Realismus und um den eigenen Weg. In einer günstigen Konstellation ermöglichen sie Glück in jeder Altersstufe – natürlich mit großen Unterschieden. Der Jubilar muss an runden Geburtstagen nicht ironisch bemitleidet werden.

Es erstaunt zutiefst, wie wenig wir über unser aller Ziel nachdenken – interdisziplinär, ideologiefrei und erfahrungsgesättigt. Dabei wären die Ergebnisse von hoher praktischer Relevanz und könnten den Menschen bei der Gestaltung ihrer Zeit auf dieser Welt hilfreich sein. Viele Vorurteile würden fallen, viele Überraschungen täten sich auf. Und immer wieder würden wir die Kategorie des »Trotzdem« entdecken und voller Respekt feststellen, wie individuell wir Menschen bei allen beschriebenen anthropologischen Grundkonstanten sind, wie schillernd, spannend und unvorhersehbar.

Einige Gedanken aber kann man allen bald sieben Milliarden Erdenbürgern bei ihrer Suche nach dem Glück mit auf den Weg geben:

Suche dein persönliches Zentrum, deinen eigenen Weg. Überwinde die Angst in dir – vor dem Leben, vor dem Tod, vor dem Alleinsein, vor dem Versagen. Achte dich selbst und die anderen. Entwickle Gelassenheit und Leidenschaft, Bescheidenheit und Selbstsicherheit gleichermaßen. Sei neugierig auf die Überraschungen rechts und links des Lebensweges und bleibe lebenslang auf der Suche nach deinen Träumen. Ruhe in dir selbst und begreife dich gleichzeitig als Teil eines großen Ganzen. Sei unbescheiden und genügsam zugleich. Und bewahre die Fähigkeit dich zu freuen, auch wenn die Welt voll von Leid ist.

Verliebt!

Wenn die Liebe dir winkt, folge ihr,
sind ihre Wege auch schwer und steil.
Und wenn ihre Flügel dich umhüllen,
gib dich ihr hin,
auch wenn das unterm Gefieder versteckte
Schwert dich verwunden kann.

Khalil Gibran

Eines Tages, es war schon kurz vor Mitternacht, lenkt Giovanni, selbst eine Frucht der Liebe, das Gespräch auf dieselbe.

Es sprudelt aus ihm heraus, nichts kann ihn bremsen: Von Rebekka will er erzählen. Bei einem Unifest habe er sie kennen gelernt, nachdem sie ihn mit einer nichts sagenden Frage angesprochen habe. Und sofort hätten sich ihre Blicke ineinander verhakt, habe sein Herz gezittert, seine Seele gebebt. Ihre blauen Augen seien groß, klar und voller Wärme, ein Stück Sommerhimmel auf Erden. Ihre Augenbrauen, Nasenflügel und Lippen seien wie leise sich aufwerfende Wellen im Meer – kein Künstler der Welt könne so perfekte Linien ziehen. Und lächle sie, ziehe sich sein Magen zusammen vor Sehnsucht und Schmerz.

Er habe sie leicht berührt am Arm, und ihre Augen hätten gelacht. Im Gegenlicht habe er ihr Haar gesehen, und es sei wie flüssiges Gold. Und ihre Haut! Fest, glatt, makellos und ungezeichnet von den Strapazen des Lebens.

Am Ende dieser lebensverändernden, alles umstürzenden Begegnung habe er ihr einen ironisch-zärtlichen Handkuss gegeben und ihr eine Haarsträhne aus der Stirn geschoben. Fast zu viel der Intimität, habe er in diesem Moment gedacht, und trotzdem genau richtig.

Zehn Tage später hätten sie sich wiedergetroffen, in ihrer Stadt. Geredet hätten sie und geredet, über alles, Beruf, Geschwister, Musik – nur über Liebe nicht. Im Gegenteil: Scherzhaft habe er ihr vorgeschlagen, einmal ihr Trauzeuge sein zu wollen. Doch dann, im Auto, habe er ihre Hand genommen und sei ihr so nah gewesen wie noch nie jemandem zuvor. Und das Schimmern der Haut ihrer Arme, mit dem Flaum der Mädchen, habe ihn denken lassen, dass er noch nie Schöneres gesehen habe.

Beim nächsten Mal dann, nach unzähligen Kurzmitteilungen, die zaghaft romantisch wurden, habe sie ihn zum Hotel gebracht und sei ausgestiegen, um ihn zu verabschieden. Da sei es passiert. Statt des üblichen Aneinander-vorbei-in-die-Luft-Küssens hätten sich ihre Lippen berührt, weich und warm. Das habe ihm den Teppich unter den Füßen weggezogen. Er, der immer so sicher und cool durch die Welt ginge, sei plötzlich mit offenem Brustkorb dagestanden.

Die ganze Nacht lang habe der Moment in ihm nachgezittert, und morgens habe er gewusst, dass das Leben von nun an ein anderes sei. Er habe sie angerufen und sie gefragt, warum sie nicht neben ihm liege.

Eine ganze Woche schleppte sich dahin, bevor sie sich wieder sehen konnten. Sie holte ihn am Flughafen ab – und verfuhr sich auf dem Heimweg. Offensichtlich war sie genauso aufgeregt wie er. Sie hatte in einem kleinen Restaurant reserviert, aber sie beschlossen, dass es zu Hause schöner sei. Und siehe da: Auch für diesen Fall war sie vorbereitet, hatte Salate eingekauft.

Als ob sie groß kochen würden, überhaupt Hunger hätten auf anderes als sich selbst.

Sie küssten sich zum ersten Mal vor dem Spiegel im Flur. Der Kuss war die Erfüllung aller seiner Träume. Und dann zog er sie langsam aus. Sie trug ein graues ärmelloses Top, das die Eleganz ihrer Arme betonte. Als er zum ersten Mal ihre Brüste sah, wusste er, dass er nie andere würde berühren wollen. Zart und unschuldig wirkten sie – und lösten doch alles Begehren dieser Welt in ihm aus.

Und wie er Rebekka dann stehen sah, in ihren engen Jeans, mit ihren breiten selbstbewussten Schultern und dem flachen Bauch, da sei ihm klar gewesen, dass er nie, nie eine schönere Frau sehen werde.

Über ihre langen Beine mit den schmalen Fesseln und ihren festen Po wolle er jetzt nichts sagen, das würde zu weit gehen. Er, der doch immer den Ball flach halten wolle, käme sonst ins hemmungslose Schwärmen. Einen Engel habe er getroffen, die perfekte Frau.

Von seinem Vater, der doch immer alles wisse, wolle er wissen, was mit ihm geschehen sei und was ihn zum glücklichsten aller Männer mache. Er wolle das Geheimnis der Liebe ergründen.

Da atmet der Vater tief durch und spricht:

»Mein Sohn, was du gerade erlebst, ist das Schönste, das Menschen widerfahren kann. Es ist ein Geschenk des Himmels, das uns allen Schmerz und alle Mühe unseres Lebens vergessen lässt. Es ist der goldene Rahmen um unsere Existenz.

Wenn du Gott wärest und das Idealbild einer Frau erschaffen wolltest, würdest du Rebekka formen. Alle anderen Frauen erscheinen dir armselig neben ihr. Leben ohne sie ist unvorstellbar für dich, selbst das Telefonieren wird zum Akt der Liebe. Du möchtest sie auf

Händen tragen, sonnen- und liebestrunken. Du fragst dich immer wieder, ob man vor Freude sterben kann.

Manchmal wird dir ganz schlecht vor Liebe. Rebekka ist die Luft, die du zum Atmen brauchst, sie ist dein Stern, dein Herz, deine andere Hälfte. Deine Seele folgt ihrer – und ihre deiner. Jede Faser deines Seins will zu ihr, Sehnsucht wird dir zur zweiten Existenz.

Du willst mit Rebekka zusammen sein – für Stunden, Tage, Nächte, forever. Eure Augen werden sich küssen, eure Zungen miteinander tanzen. Du wirst Gefühl und Begehren in ihrer Urform erleben. Deine Gedanken werden Purzelbäume schlagen und deine Gefühle mit dir durchgehen. Und dein Wille wird immer wieder gebrochen werden.

Du wirst rosa Marshmallows auf ihr Bett regnen lassen, Gartenhecken in Herzform anlegen und ihre wertvolle Uhr mit der Begründung über Bord werfen, Zeit zähle für euch nicht mehr. Regentropfen werden eure Tränen sein in jeder Sekunde, die ihr nicht miteinander verbringt. Und auf deinen Wunschzetteln wird immer nur eines stehen: du, du, du für ewig.

Leben ohne Rebekka wird dir nicht mehr lohnend erscheinen, reizlos und öde. Und zum ersten Mal wirst du verstehen, warum wir Menschen wirklich Engel mit nur einem Flügel sind: Um fliegen zu können, müssen wir uns umarmen.

Ich sage dir, mein Sohn: Wer sich nie verliebt hat, ist umsonst auf dieser Welt. Wir Menschenkinder finden unsere Bestimmung in der Liebe. In ihr buchstabiert sich das wirkliche Glück und singt das Leben die große Hymne auf sich selbst.«

Giovanni hört gebannt zu, wie schon lange nicht mehr. Er will alles wissen – und ahnt doch, dass das Wesentliche verborgen bleibt. Er will hören von der Macht der Liebe – und spürt diese doch in jeder Zelle seines Hirns, jedem Schlag seines Herzens, jeder Berührung. Und er will erfahren, warum es gerade sie ist, Rebekka, in die er sich so ohne Wenn und Aber verliebt hat. Was, wenn er sie nie getroffen hätte?

Sein Vater holt weit aus, geht spazieren in dem halben Jahrhundert, das ihn so reich gemacht hat an Erfahrung:

»Vor langer Zeit – du warst noch längst nicht geboren – arbeitete ich in einem Heim für Exkriminelle. Es lebten dort achtzig Männer, und ich war dafür zuständig, dass sie zu einem erfüllten und geregelten Leben zurückfänden und nicht nur zu Flasche und Messer griffen. Was ich nicht alles anbot: Gitarrenkurse, Basketballturniere, Kanufahren, Zelten am Meer. Aber niemand, wirklich niemand, interessierte sich für meine Angebote.

Da lernte ich eine Kollegin aus dem nahe gelegenen Heim für weibliche Exkriminelle kennen – und lieben. Eine Idee wurde geboren: ein gemeinsames großes Fest für beide Heime. Plakate wurden geklebt, Kellerräume gestrichen. Zu spät kam die Warnung des ehemaligen Heimdirektors, wir würden mit Eifersuchtsdramen und Messerstechereien nicht fertig werden.

Wir überstanden das Fest ohne Tote und Verletzte. Und es lohnte sich. Denn nie im Leben – außer an mir selbst – habe ich die Macht der Liebe so unmissverständlich kennen gelernt.

Plötzlich war Sinn im Leben meiner schweren Jungs, plötzlich hatten sie Boden unter den Füßen und ein Ziel vor Augen. Sie hatten Frauen getroffen, die sie für sich gewinnen wollten und nicht mit Trinkorgien und Messerstechereien beeindrucken konnten. Und plötzlich hatte Bedeutung für sie, was vorher als kindische Beschäftigungstherapie erschien. Man wollte Gitarre lernen, um Liebe musikalisch zu gestehen. Man wollte Basketball spielen, um der Liebsten Muskeln zu zeigen. Man wollte gemeinsam Kanu fahren und am Meer zelten, um Liebe in der Natur zu spüren.

Du siehst, Liebe kann alles. Sie bringt zum Zimmeraufräumen und trennt von Drogen, bringt Licht ins Dunkel und Geschmack in die Musikvorlieben. Sie ist Goldmedaille und Uraufführung zugleich. Wer verliebt ist, fragt nicht nach dem Sinn des Lebens.

Warum es nun gerade Rebekka unter den drei Milliarden Erdenbürgerinnen ist, die du liebst, kann keiner schlüssig beantworten. Manche meinen, es sei Chemie, andere, es sei der Geruch. Manche sagen, alles sei austauschbar und ohnehin hormongesteuert, andere wiederum, man suche unbewusst lebenslang seine Mutter oder seinen Vater wieder (oder gerade den Kontrapunkt dazu). Ich hingegen antworte mit einem kleinen, nicht ganz ernst gemeinten Gedankenexperiment:

Nimm an, es gab uns schon vor der Geburt. Wir waren Kätzchen, herumtollend auf einer Riesenwiese. Die meisten bedeuteten dir nichts, waren nur Hintergrund. Mit einigen aber spieltest du ausgelassen, warst verschmust und entwickeltest Vertrautheit. Sie wurden dir wichtig in ihrer Eigenart.

Nur: Der Strom der Kätzchen ging weiter, und ihr verlort euch. Mit ausgestrecktem Hals versuchtest du deine kleinen Freundinnen wieder zu finden, aber zu spät, du konntest sie nicht mehr ausmachen. Enttäuscht lebtest du weiter, ein kleiner Funke war erloschen und ein erster Tod gestorben. Etwas fehlte in deiner kleinen Seele.

Da plötzlich tat sich ein Loch vor dir auf, ein Strudel erfasste dich und zog dich durch beängstigendes Dunkel in eine ganz andere Welt. Du warst nicht mehr wollig und hattest vier Tatzen, sondern nackt mit zwei Händchen und Füßen. Wie alle anderen Kätzchen auch warst du zum Menschenkind geworden, musstest aufwachsen mit Flasche und Rassel, Fahrrad und Ranzen. Du liebtest Mami und Papi, Bruder und Schwester. Aber je älter du wurdest, desto häufiger spürtest du ein kleines schmerzhaftes Ziehen im Herzen, eine vage Sehnsucht nach der spielerischen Nähe mit den Katzenfreunden deiner ersten Tage.

Und ahnst du nun, was die Liebe ist? Ein Wiederfinden dieser Wesen, eine Begegnung mit dir selbst in deiner reinsten Form. Wie damals auf der Wiese, so gibst du dich ganz in die Hand des anderen, nichts ist zwischen euch und alles eins. Und das Schöne daran: In jedem Erdenbürger kann so etwas stecken, jeder kann dein Katzenfreund von damals gewesen sein. Du musst nur mit offenen Augen und bereitem Herzen durch die Welt gehen. Liebe kann dich in Kalkutta und Kairo, Kapstadt und Köln ereilen. Sie kann dich immer treffen, in jeder Lebensphase. Sie ist mehr in dir als in der Person, die du liebst. Gib dich ihr hin – und du wirst sie finden. Und sieh mehr auf das, was ist und dich umgibt, als auf jenes, das sein könnte und irgendwo anders ist.«

Vier Monate später will Giovanni anknüpfen an das Gespräch über die Liebe. Es hat ihn geprägt.

Jetzt erzählt er, dass sein Gefühl ihn bei Rebekka nicht getäuscht hätte. Sie sei die Frau seines Lebens, wie er sie sich im Himmel bestellen würde. Sie sei zärtlich und verspielt, romantisch und leidenschaftlich. Die gemeinsamen Nächte seien das Intensivste und Schönste, das er je erlebt habe. Unendliche Gespräche über alles in dieser Welt, tausendundeins Küsse überallhin, Verschmustheit und Ekstase – alles falle in eins, mehr Nähe sei unvorstellbar. Über die Häufigkeit des Übereinander-Herfallens wolle er nichts sagen, er sei schließlich kein Don Juan (trotz seines Namens), aber stärker und männlicher habe er sich noch nie gefühlt. Rebekka mache ihn zu einem besseren Menschen, klarer und aufrechter.

Manchmal machten sie einen Morgen zum Morgen z.B. des rechten Ohres oder des linken Innenschenkels, und dann würdigten sie diese Stelle des Körpers in aller Intensität und allem gebotenen Respekt – und immer würde daraus eine Feier des ganzen Körpers und ihrer allumfassenden Liebe zueinander. Daher werde es manchmal Mittag oder auch halb fünf, bis sie aus dem Bett fänden …

Früher sei körperliche Liebe für ihn letztlich Auflösung hormonellen Staus gewesen, jetzt sei sie eine Symphonie und allumfassendes Lebensprinzip. Eng ineinander verwoben einzuschlafen ohne Sex (früher für ihn undenkbar) sei plötzlich genauso schön wie euphorische Liebe am Morgen (früher immer von ihm abgelehnt). Die Vielfalt des Sich-Liebens und der Höhepunkte sei atemberaubend und zeige ihm, wie verkümmert Sexualität für die meisten Menschen sei. Ach, alles sei anders, schöner, besser, er wolle nie mehr ohne Rebekka leben.

Leise lächelt der Vater in schöner Erinnerung an eigenes Leben, aber auch mit Wehmut, denn wie lang wird dieser Zustand anhalten? Natürlich sagt er nichts und fragt nur, was für ein Mensch Rebekka eigentlich sei.

Wo solle er anfangen, schwärmt Giovanni. Sie sei klug, witzig, humorvoll. Über alles könnten sie lachen zusammen, am meisten über sich selbst. Sie habe Geschmack, wirke erfahren und fast weise für ihre jungen Jahre. Sie könne mit jedem reden und ihn in Sekunden für sich gewinnen, brauche aber auch ihre kontemplativen Momente, ganz für sich allein. Sie verstehe das Leben, ihn, die Liebe. Und müsse sich nicht sinnlos produzieren, dafür sei sie zu selbstbewusst. Sie ruhe in sich selbst. Sie kenne ihre atemberaubende Wirkung auf andere

Menschen, mache sich aber nicht viel daraus. Dünkel sei ihr fremd. Sie sei immer voll da, ganz dem Moment ergeben, in wacher Sinnlichkeit und Siegeslust.

»Was sagst du?«, fragt der Sohn den Vater.

»Nichts«, murmelt dieser. »Ich freue mich für dich. Mach weiter so und genieße jede Stunde, Tag und Nacht. Ihr seid Geschenke des Himmels füreinander.« Und er umarmt Giovanni voller Inbrunst, wohl spürend, dass sie erwidert wird. Tief atmet er ein.

Und als hätte er es geahnt: Zwei Wochen später sitzt sein Sohn wieder bei ihm. Sein Herz ist zerrissen. Er habe seine geliebte Rebekka im Stadtpark gesehen, eng verschlungen beim Spaziergang mit einem anderen. Seine Welt sei in diesem Moment implodiert. Wie, bitte, könne so etwas geschehen? Warum, bitte, werde er mit solcher Gewalt aus dem Paradies geworfen? Wem, bitte, könne man trauen, wenn nicht der Frau seines Herzens? Und was, bitte, könne ihn noch dazu bringen, je wieder an die Liebe zu glauben?

Wieder seufzt der Vater.

»Ach, Giovanni, ich wünschte, ich könnte dir diese Erfahrung ersparen. Ich verstehe jede deiner Fragen, deine Verzweiflung, deine Enttäuschung.

Man kann sich mit Fug und Recht fragen, ob die Liebe mehr Glück oder mehr Unglück über die Menschen gebracht hat. Und je stärker und unfassbarer das Glück, desto härter und schmerzhafter der Schlag in den Magen! Je mehr Panzer man von sich geworfen hat, desto verletzlicher ist man! Du wirst so etwas immer wieder erleben, lieber Sohn, und du wirst es auch zufügen. A liebt B, B liebt C, und C ist schwul, sagen die Zyniker. Die Welt ist voll von unglücklicher Liebe, aber das tröstet niemanden. Nur die Boulevardzeitungen leben gut davon, denn in all den Geschichten über Seitensprünge, verlassene Ehemänner und -frauen, Rosenkriege und Scheidungstermine finden wir uns alle leider wieder und lesen sie daher so gern. Wenn all das auch den Prominenten passiert, ist es vielleicht unvermeidbar, denken wir und fühlen uns ein wenig getröstet.

Was kann ich dir in dieser schrecklichen Phase mitgeben? Dass es auch andere Frauen gibt, die dich lieben und die du lieben wirst, willst du jetzt sicher nicht hören. Unwürdig erschiene dir der Gedanke – und zu Recht.

Lass es mich anders versuchen: Wer ist glücklicher – der Liebende oder der Geliebte? Sicher, geliebt zu werden freut den Narziss in uns. Aber schnell stumpft es ab und wird eher lästig, denn immer wieder muss man durch Neins verletzen und vor den Kopf stoßen. Lieben hingegen bedeutet Gefühle zu entwickeln, Perspektiven zu schaffen und das Heft selbst in der Hand zu behalten. Welch innere Stärke zeigt es, wenn einer liebt, ganz egal, was der andere gerade empfindet! Du bist der souveräne Herr des Geschehens, kannst deine eigenen Fantasien entwickeln und bist letztlich der Überlegene, selbst wenn du das gerade nicht so sehen kannst. Goethe hat das im Werther auf die einfache Formel gebracht: ›Und wenn ich dich liebe, was geht's dich an?‹

Nicht nur, dass wir gar keine andere Wahl haben als zu lieben – am meisten lernen wir wohl von unglücklichem Lieben. In einer Welt, in der wir vernünftige Ziele verfolgen und alles kontrollieren wollen, ist Liebe sehr oft die Kategorie des ›Trotzdem‹. Sie entzieht sich der Vernunft und erst recht der Kontrolle. Sie ist ein Reich mit eigenen Gesetzen. Sie steht voller Kraft auf, wenn es gerade gar nicht passt, oder legt sich zur Ruhe, wenn man gerade glaubt, jetzt sei alles durch Ring und Siegel gesichert. Klassenschranken und Konventionen sind ihr ähnlich schnuppe wie Telefongebühren und Terminkalender. Wir versuchen vieles, um sie in den Griff zu bekommen, aber nur allzu häufig scheitern wir.

So weit das Wort zum Sonntag, lieber Giovanni, von einem Mann, der leider oft selbst wie ein Tier an der Liebe gelitten hat. Aber jetzt sprich bitte mit deinem Engel, ob der Mann an ihrer Seite nicht ein alter Schulfreund oder ein Cousin aus Kanada war! So wie du mir dein Mädchen vorgestellt hast, bin ich mir da fast sicher …«

Mehr als ein Jahr vergeht, bevor sich Vater und Sohn wieder einmal ernsthaft mit der Liebe befassen. Natürlich war das im Park ein Missverständnis gewesen, natürlich waren Giovanni und Rebekka zu einem Paar geworden, dem alle Herzen zuflogen, weil es vor Glück und Verliebtheit nur so strahlte. Probleme hatten andere …

Doch nun wollte Giovanni Rat. Es gebe keine Krise, beruhigte er seinen Vater gleich.

Nein, aber er vermisse dieses Gefühl, Bäume ausreißen zu können aufgrund seiner Liebe. Er überlege manchmal, ob er nicht arbeiten müsse anstatt Rebekka zu sehen! Dinge, die noch vor einem Jahr tief von innen leuchtende Vorfreude in ihm ausgelöst hätten, seien plötzlich normal, manchmal sogar nervig. Routine krieche in ihr Leben, durchaus schön, aber eben nicht mehr euphorisch. Und sogar bei der ersten Notlüge habe er sich erwischt.

Der Vater, der manche Liebe bei sich und anderen hat kommen und gehen sehen, lehnt sich zurück und macht sich eine Zigarre an. Schließlich hebt er an:

»Giovanni, ich möchte dir eine Geschichte erzählen, die Geschichte vom ILD, der wohl wichtigsten Gefühlsäußerung des Menschen. Ahnst du, welchen Ausdruck die drei Buchstaben abkürzen? Warte nur …

Seine Geburt erlebt das ILD im Kopf, dort gewinnt es an Kontur und Stärke. Es schafft sich Raum, ziemlich schnell oft, und will raus. Es will wahrgenommen werden, will schreien vor Freude. Nur werden ihm lange Schranken vor die Nase gesetzt, wird es eingemauert in Herz und Seele und nur ganz Vertrauten kurz offenbart. Die Person, für die es gedacht ist, muss oft warten, bis sie es in seiner ganzen Macht und Schönheit wahrnehmen darf. Sie spürt seine Anwesenheit vielleicht schon, aber erst Hören oder Sehen ist Glauben. So verharrt es im dunklen Inneren, ist fiebrig vor Aufregung, ob es sich denn bald im Spiegel anschauen kann, und bereitet seinem Gastgeber manch unruhige Nacht.

Dann endlich lüftet der wenigstens ein wenig den Vorhang, lässt ahnen, doch ganz scheu und voll Vorsicht. Zu entscheidend ist die Eröffnung, lebensverändernd gar – und immer stellt sich die brennende Frage, ob das ILD allein in der Welt stehen wird in seiner imposanten Statur oder ob es sich vereinen kann mit einem anderen seiner Art zu himmlischer Erfüllung.

Der Mut wächst, und versteckt wenigstens darf es heraus – in Andeutungen, zärtlichen Berührungen, zu langen Blicken, roten Rosen und Herzen.

Und eines Abends schließlich, oder auch nach einem langen Kuss, oder einfach so, darf es das Licht seiner Welt erblicken, einer ganz kleinen Welt aus zwei Menschen, die aber die größte und schönste aller Welten ist. Und der Moment verändert alles. Beide, Sender wie Empfänger, werden ihn nie vergessen. Und wie langweilig es auch sein mag, Bestätigung zu hauchen, dass im Gegenüber auch ein ILD herangewachsen sei, so leidenschaftlichst ersehnt ist diese Bestätigung in diesem Moment. Dann dreht sich die Erde ein wenig schneller und die Sonne scheint heller für beide.

Und weil es so schön ist, fangen beide, die vorher nur Blicke und Körper haben sprechen lassen, die Übereinstimmung zu bestätigen an, immer wieder, und es gibt keine schöneren drei Wörter (das Italienische nur schafft es schneller: fünf Buchstaben in zwei Wörtern). Gehaucht oder gerufen, verklausuliert oder in den Strand geschrieben, eingraviert oder auf den Badezimmerspiegel geschmiert – es ist wie eine Droge zu wissen, dass man es selbst in sich trägt und der andere auch. Früher war es die Post, dann das Telefon, jetzt die Kurznachricht auf dem Handydisplay: Ganze Industrien leben davon, dass das immer Gleiche in immer wieder unterschiedlichen Formen gesagt wird. Mittel- und Geistlose lesen in Ratgebern, wie sie es ein wenig anders ausdrücken können, und reiche

Geistvolle lassen Tausende von Rosen auf das Haus der Angebeteten regnen (erzählen im Nachhinein allerdings, dass der mutige Sprung vom Helikopter in ihren Pool noch viel wichtiger und überzeugender war ...).

In dieser Lebensphase des ILD – der besten übrigens, lieber Sohn – taucht zum ersten Mal die Frage auf, ob man es heute eigentlich schon mal gesagt habe. Sie ist natürlich zu verneinen, um dem Fragenden eine weitere Chance der Artikulation zu gewähren. Das führt zu Witzen wie dem vom Vorstandsvorsitzenden einer amerikanischen Firma, der seine Frau fragt, ob er ihr dieses Quartal eigentlich schon mal ILD gesagt habe.

Man kann es gar nicht oft genug sagen oder hören. Nur wird es deshalb zwangsläufig zur Floskel, und jetzt heißt es aufpassen. Die Sensiblen, die in der Anfangsphase schon gewarnt haben, man müsse sich das Outing sehr genau überlegen, warnen spätestens jetzt vor inflationärem Gebrauch. Sie brüskieren gern, indem sie sich das »Ich dich auch« sparen, um nicht vorhersehbar zu wirken.

Das Leben geht weiter, der Blick wird schärfer, die Krisen nehmen zu. Was vorher als Idealbild eines Menschen erschien, erweist sich unmerklich als Mensch wie du und ich. Was vorher als ideale Harmonie zwischen Liebenden erschien, erweist sich im Alltag durchaus als krisenanfällig. Und plötzlich wird das ILD, vorher noch strahlend in den Raum gestellt, zum beschwichtigenden Doch-doch-natürlich-trotz-allem-Weiterhin. Was vorher »Unerschütterlich« und »Für immer« signalisierte, muss plötzlich überzeugen, es sei nicht vorbei. Und ab und zu muss es gar dazu herhalten, Ausreden zu vertuschen.

Was für eine Lebenskurve: von der Säule zum Strohhalm! Und da Halme knicken können, müssen sie gestärkt werden – durch Ausleger wie »unendlich« oder »mehr denn je«. Das ILD allein in seiner kompromisslosen Strahlkraft scheint nicht mehr zu reichen.

Der Prozess dauert lang. Und er ist alles andere als linear. Es geht auf und ab mit der Verliebtheit, und sie flackert immer wieder auf. Aber fass ihn ins Auge. Der Weg vom Verliebtsein zum Lieben ist die entscheidendste Phase Eures gemeinsamen Lebens. Aus den aufregenden Stromschnellen der Bäche muss die selbstverständliche Kraft des Stromes werden.«

Giovanni hat tief getroffen zugehört. Warum nicht ein Leben lang, warum diese Veränderung, so fragt er seinen Vater nach einigen Minuten des Schweigens.

»Mein Sohn, wie wirklich ist die Wirklichkeit? Wie viel von dem, was wir als unsere Umwelt und unser Leben wahrnehmen, ist objektiv vorgegeben und wie viel von uns selbst gemacht? Stell dir vor, du stehst in einem Stau. Du schaust nach rechts und siehst, wie sich der Fahrer so darüber ärgert, dass er fast ins Lenkrad beißt vor Frust. Dann siehst du nach links. Gleiche Situation, ändern kann ohnehin keiner etwas (außer die Verkehrsplaner langfristig). Und da sitzt einer, der hat kurz per Handy informiert, dass er zwanzig Minuten zu spät komme, und nun genießt er Mozart und denkt an seine Geliebte …

Gleiche Situation, Verzweiflung beim einen, Vergnügen beim anderen.

Also: Wie wirklich ist die Wirklichkeit? Keine Ahnung, wie das bei den Tieren ist, aber wir Menschen gestalten uns die Wirklichkeit zum großen Teil selbst, mit Fantasie und Seelenstärke. Du kennst das doch vom Tennis. Das Match wird im Kopf entschieden. Beim Gefühl deiner selbst im Moment des Aufschlags oder Volleys. Wirst du siegen oder er?

Und so ist es auch bei der Liebe. Sie scheint über uns zu kommen, aber mindestens genauso sind wir es, die sie entstehen und vergehen lassen. So alt ist sie noch nicht als Mittelpunkt der Welt. Es geht auch ohne, zeigen zahlreiche Kulturkreise und unzählige Vernunftehen. Die Menschheit würde nicht aussterben ohne sie, dafür sorgt der Sexualtrieb.

Aber wie viel schöner ist es mit ihr! Aus schwitzigem Ineinanderschieben wird Liebe und Leidenschaft, aus glasigem Erguss Fortschritt und Feuerwerk. Wir Menschen haben uns die Welt nicht nur unterworfen mit allerlei Werkzeugen und Waffen, sondern auch mit Wahrnehmung und Wunschdenken. Das macht uns zur Krone der Schöpfung, das ermöglicht Buch und Bühne, Film und Fernsehen! Wir idealisieren, wir verfälschen, wir dramatisieren! Und wir könnten nicht ohne!

Und ganz nebenbei gesagt: Viele Menschen brauchen sich heute nicht mehr materiell – da hat die Verliebtheit der ersten ein bis zwei Jahre schon manche Ehe gestiftet und Kinder entstehen lassen, also für die Erhaltung unserer

Gattung und Gene durchaus ihren Beitrag geleistet …

Schau, Giovanni, in den Anfängen einer großen Liebe, wie du sie mit Rebekka erleben darfst, soll man idealisieren, wie es nur geht. Wenn wir solche Traumphasen nicht hätten, wie sollten wir durch den öden Alltag des Lebens kommen? Rebekka musste alles für dich sein, eure Liebe das Vollkommenste, eure Nähe nicht zu übertreffen. Es musste für euch so wirken, als hätte eine fremde Macht euch und nur euch füreinander gemacht, im geistigen, körperlichen und seelischen Sinne. Alles passte, wie es nie wieder passen würde. Und die Welt um euch herum versank im Schatten des Mittelmaßes.

Nun kommt ihr langsam – und natürlich unwillig – vom Olymp der Auserwähltheit wieder herunter zu uns. Und das ist schwieriger als alles vorher. Glühe von innen, wenn du daran denkst, wie einzigartig ihr euch da oben fühltet. Nimm das Gefühl mit, wo immer du hingehst. Es ist das Schönste, wozu Menschen fähig sind. Aber gehe nicht davon aus, dass es immer brennen kann. Verliebtheit ist, so las ich irgendwo, schwankendes Gebälk. Und das dahingehauchte ›Forever‹ mehr Beschwörung als Schwur.

Lieber Sohn, ich hoffe, wir werden uns bald zusammensetzen und über die Ehe reden. Das eine nur vorab: Wenn du jetzt vermisst, dass ihr euch nicht mehr die Kleider im Hausflur vom Leib reißt und jeden Aufzug zwischen zwei Stockwerken anhalten wollt, macht nicht den Fehler, den so viele heute machen. Werft nicht weg, was zwischen euch entstanden ist in der Phase, als es nur euch gab. Betrachtet all eure Gemeinsamkeiten und Erfahrungen als Juwelen, haltet sie hoch, denn sie werden lebenslang bleiben. Die Sonne der Liebe hat einen Garten entstehen lassen, in dem es sich vortrefflich auch bei schlechterem Wetter zusammen leben lässt. Zertretet die Blumen nicht gleich vor lauter Aufregung, weil eine andere sonnenbeschienene Hand vom Olymp der großen Verliebtheit winkt.

Ich liebe dich, mein Sohn, und wünsche dir von Herzen, dass du das schaffst!«

Von der Liebe

Ist ein Traum, kann nicht wirklich sein,
dass wir zwei beieinander sein.

Hugo von Hofmannsthal

Da haben sich nun ein Mann und eine Frau ineinander verliebt und darin das Schönste erlebt, das Menschen widerfahren kann. Sie haben ein Geschenk des Himmels erhalten, das sie allen Schmerz und alle Mühe vergessen lässt. Sie haben gemerkt, dass wer sich nicht verliebt, umsonst auf dieser Welt ist und dass Menschenkinder in solchen Wochen und Monaten ihre Bestimmung finden. Denn hier buchstabiert sich das wirkliche Glück und singt das Leben die große Hymne auf sich selbst.

Doch dann kam die Ernüchterung. Die Hormonlawine von Adrenalin, Serotonin, Dopamin und Endorphinen wurde schwächer. Die Verliebten stiegen herunter vom Olymp und traten heraus aus dem vergoldenden Licht der Verklärung. Nach all den Momenten, in denen alles möglich schien und das Gegenüber zum Idealbild eines Menschen wurde, drängt sich plötzlich Wirklichkeit ins Bild. Die beiden merken, dass nicht alle Eigenheiten liebenswert sind. Sie stellen fest, dass die große Lust auch mal aus- und Langeweile einsetzen kann. Sie haben plötzlich sogar wieder Augen für andere Menschen und deren Reize.

Wie lange hat es gedauert, dieses totale und

unbedingte Verzücktsein? Mal ein Jahr, meistens zwei oder auch drei. Die Natur hat damit ihr Recht bekommen, denn in Zeiten fehlender Verhütung wären inzwischen Kinder entstanden und in ihrer zerbrechlichsten und abhängigsten Lebensphase sogar von zwei fest miteinander verbandelten Eltern beschützt und aufgezogen worden. Die Gene wären weitergegeben, die Spezies Mensch würde weiterleben.

In diesem Sinne könnten Beziehungsforscher sogar Hinweise darauf geben, warum gerade die beiden sich gefunden haben (schöne Zusammenfassung bei Hassebrauck/Küpper: »Warum wir aufeinander fliegen. Die Gesetze der Partnerwahl«). Der Mann hat wahrscheinlich stärker auf das Aussehen und die jugendliche Ausstrahlung bei der Frau geachtet als umgekehrt. Er war entzückt von ihren vollen Haaren, ihrer reinen Haut, ihren großen Augen, ihren sinnlichen Lippen, ihren hohen Wangenknochen und ihrer guten Figur und damit unbewusst von Zeichen für Gesundheit, Parasitenfreiheit und Reproduktionsfähigkeit. Die Frau sah eventuell mehr auf den Status des Mannes, auf sein Einkommen, seinen Ehrgeiz und sein Verhältnis zu Kindern und damit ebenso unbewusst auf seine Fähigkeit, eine gute Erziehung und materielle Sicherheit für die gemeinsamen Kinder zu gewährleisten. Sein Alter war ihr nicht so wichtig – können Männer doch lange Zeit Kinder zeugen. Beide achteten ziemlich sicher auf Symmetrie in Gesichtszügen und Körperbau des anderen, signalisiert sie doch Stärke und auch wieder Fortpflanzungsfähigkeit. Und so häufig man auch hört »Gegensätze ziehen sich an«, so wahrscheinlich ist es doch, dass Ähnlichkeiten in Erziehung, Schicht, Bildung und Interessen eher ausschlaggebend waren für die Partnerwahl.

Sehr erstaunt wären die beiden über neueste Theorien (Suzi Malin: »Liebe auf den ersten Blick. Warum wir lieben, wen wir lieben«), dass wir im Gegenüber sehr stark uns selbst lieben. Wir erkennen uns in ihm oder ihr selbst wieder – in übereinstimmenden Gesichtsformen (»Echo-Paare«) oder ähnlichen Gesichtsproportionen (»Harmonie-Paare«). Oder wir sehen und lieben im Gesicht des anderen unsere erste Bezugsperson wieder (»Prima-Copula-Paare«).

Das mag den Beobachter oder Freund der beiden sehr interessieren, sie selbst stehen vor einer anderen und viel wichtigeren Frage: Was passiert mit uns nun nach dem Sturz aus dem Himmel? Wie geht es weiter?

Sie stehen vor der entscheidendsten Phase ihres Lebens. Sie müssen Tiffany's verlassen und sich in den Straßen von New York zurechtfinden. Sie müssen aus dem Rolls Royce steigen, der sie durch die Flitterwochen gefahren hat, und sich in den Volkswagen des Alltags bequemen. Sie müssen vom Schmetterling zum Adler werden und aus der Vergänglichkeit des Rauschzustandes heißer Verliebtheit etwas anderes, noch viel Stärkeres entstehen lassen: die innige Vertrautheit großen gegenseitigen Verständnisses und gemeinsam gestalteten Lebens. Dann erst entsteht wirkliches Glück, lebenslang.

Liebe verhält sich zu Verliebtheit wie Erwachsensein zu Kindheit. Natürlich fällt es schwer, Unbefangenheit, Spontaneität und reines Gefühl aufzugeben und stattdessen zu planen, zu gestalten und Verantwortung zu übernehmen – aber die Anstrengung wird sich lohnen, da nur so Heimat und Verlässlichkeit entstehen. Exkanzlergattin Loki Schmidt drückt es nach über fünfzig Jahren glücklicher Ehe auf ihre Weise aus: »Verliebt sein hat nichts mit Liebe zu tun. Verliebt sein ist wie ein Feuer aus Reisig und Stroh. Wenn aber die Koben, die unter dem Reisig liegen, nicht anfangen zu brennen, dann ist das nichts.« (Christine Gottwald/Helene Walterskirchen: »Dauerpaare«, S. 19). Und die junge Autorin Beatrice Reszat schreibt in »So spricht die Liebe« (S. 23): »Verliebtheit ist die Ouvertüre, doch nicht das Konzert. Sie ist die Farbpalette, aber nicht das Bild. Die Verliebtheit ist der Fluss, der durch die Kraft des Stromes zum Meer strebt, doch die Liebe ist die Stille des Angekommenseins.«

Alle träumen wir von der lebenslangen Liebe, und die Homosexuellen kämpfen darum, sie auch in der Ehe institutionalisieren zu dürfen. Und doch schlägt uns von vielen Seiten eine Welle der Skepsis entgegen, so als sei der Schritt aus der Verliebtheit der aus dem Paradies.

Viele Romane hören mit dem Eheversprechen auf, weil einfach nichts Attraktives mehr zu erzählen ist. Statt sich schon an der Haustür die Kleider vom Leib zu reißen, zankt man nun um die Weichheit des Frühstückseis oder wer zuerst ins Bad darf. Oder noch schlimmer: Man sitzt gelangweilt im Restaurant und streitet sich nicht einmal mehr. An die Stelle romantischer Verklärung ist harte Realität getreten, man nörgelt aneinander herum und versucht, den anderen im eigenen Sinne zu verändern. Mancher fragt sich, ob bestimmte asiatische Nationen nicht besser dran sind, da dort nicht Verliebtheit Ehen schmiedet, sondern Vernunft – meist vertreten durch die Stimme der Eltern.

Ildikó von Kürthy formuliert es sehr prägnant in »Freizeichen« (S. 23): »Aber weil du geliebt wirst, heißt das nicht, dass du beim Sex die Skin-Repair-Maske drauflassen darfst – nur weil die auch genau fünf Minuten braucht. Wehret den Anfängen. Sonst drückst du ihm irgendwann die Pickel auf dem Rücken aus, und er macht dir einen Heiratsantrag, während er auf dem Klo sitzt und du dir dein Gebiss mit Zahnseide reinigst. Ich finde, wenn man sich derartig gehen lässt, ist es Zeit zu gehen.«

Unsere beiden Nicht-mehr-ganz-so-Verliebten stehen vor einem Dilemma: Erwachsenwerden ja, aber dabei nicht absterben, bitte! Françoise Sagan fasste es so: »Viele, von denen man glaubt, sie seien gestorben, sind bloß verheiratet.« Und Sacha Guitry ergänzte: »Die Liebe ist eine Gemütskrankheit, die durch die Ehe oft schnell geheilt werden kann.«

Wir leben im Zeitalter einer umfassenden Infantilisierung. Alle wollen wir das Kind in uns lebendig halten, alle wollen wir (und schaffen das auch zunehmend) jung bleiben in Geist, Seele und Körper. Zeit und Alterung sollen ausgehebelt werden. Wenn Verliebtheit in der Liebe erwachsen wird, dann ist die Skepsis diesem Prozess zu Konstanz und Verlässlichkeit gegenüber auch ein Ausdruck unserer Sehnsucht nach lebenslanger Kindheit und Jugend. In unserer Werteskala steht die atemlose Verliebtheit fälschlicherweise höher als der lange Atem einer andauernden Liebe, und damit hat ein jeder und eine jede in dieser Lebensphase zu kämpfen. Viele entscheiden sich deshalb für die serielle Monogamie und suchen sich die ganz großen Gefühle immer wieder neu. Statt sich zu binden, taumeln sie von Abenteuer zu Abenteuer, von süßer Illusion zu noch süßerer – und haben irgendwann das Gefühl schaler Wiederholung auf der Zunge.

Bester Helfer für unser Paar ist der erfahrene Paartherapeut Michael Mary mit seinem Buch »5 Lügen, die Liebe betreffend«. Nach all seinen

Erfahrungen sind Bindung und Begehren kaum miteinander vereinbar. Leidenschaft entsteht, wenn Intimität zunimmt. Ist diese dann da und sind Nähe zueinander und Kenntnis voneinander groß, werden Begehren und Leidenschaft zwangsläufig geringer. Es ist deshalb absolut unrealistisch von einer langfristigen Liebesbeziehung zu erwarten, dass man bei Abwesenheit des Partners den Verstand verliert vor Sehnsucht und bei Zusammensein ständig atemlos übereinander herfällt. Nur Therapeuten, die ewige Leidenschaft versprechen, und Dessous- und Duftkerzenfabrikanten leben gut davon. Als ob ein neuer BH oder ein romantisches Dinner die Urkraft der Verliebtheit wieder wecken könnten …

Fünf Lügen, so Mary, werden uns allen immer wieder aufgetischt:

Partnerschaft und Sexualität gehören zusammen, sie sind untrennbar miteinander verbunden. Der Lebenspartner muss also auch Sexualpartner sein, und eine Dauerbeziehung ohne andauernde Leidenschaft ist keine richtige Partnerschaft. Man muss lediglich den richtigen Partner finden, dann sind alle Bedürfnisse – ganz gleich, ob geistiger, emotionaler oder erotischer Natur – dauerhaft miteinander zu befriedigen. Wer die raffinierten Praktiken und Geheimnisse der sexuellen Liebe kennt oder erlernt, hält lebenslang Begehren und Leidenschaft lebendig. Und wenn das nicht klappt, kann man sich die ideale Beziehung wenigstens vortäuschen.

Kleine Lügen brauchen wir zum Leben, aber derart große Lügen überfordern uns und überfrachten unsere Beziehungen maßlos. Das wirklich Traurige daran ist, dass sich viele Liebespaare aufgrund solch unrealistischer Erwartungen trennen auf der Suche nach dem neuen Kick, obwohl sie eigentlich eine starke und wertvolle gemeinsame Basis haben. Sie haben gleiche Werte, lieben bestimmte Rituale, können sich vertrauen, haben einen ähnlichen Geschmack, bevorzugen die gleiche Musik, schätzen es sehr, gemeinsam zu reisen, und haben vielleicht sogar das Abenteuer Kindererziehung erfolgreich gemeistert – und plötzlich soll all das nichts mehr wert sein, weil einer der Partner von der Leidenschaft träumt. Eine schöne, klare und sichere Heimat wird aufgegeben für ein unsicheres Abenteuer. Als ob Sex alles im Leben sei …

Max Frischs Gantenbein macht die Spannung fast körperlich erfahrbar:

»Was bleibt, ist die Neigung, die stille und tiefe und fast unerschütterliche Neigung. Ist das vielleicht nichts? Ihr habt schon fast alles überstanden, ausgenommen das Ende, es ist euch nicht neu, dass eins von euch davonläuft in die Nacht, dass Zorn sich wieder gibt, dass es nichts hilft, wenn Ihr zwei Tage schweigt, Ihr seid ein Paar, jederzeit frei, aber ein Paar. Da ist nicht viel zu machen. Manchmal der Gedanke: Wieso gerade du? Ihr seht euch nach andern Männern um, nach anderen Frauen. Da kommt nicht viel infrage oder alles. Nichts wird wilder sein als eure Liebe damals, bestenfalls ebenso. War sie wild? Davon sprecht Ihr nicht. In zärtlicher Schonung der Gegenwart. Oder es sei denn mit Vorwurf, der falsch ist wie jeder Vorwurf an das Leben. Wer kann denn etwas für Gewöhnung?«

Übersehen wird in der Sehnsucht nach konstanter Verliebtheit auch, dass Verliebtsein ja nicht nur schönste Überwindung von Fremdheit und Erfüllung von Eroberungsfantasien beinhaltet, sondern eine Zitterpartie ist mit schrecklichsten Rückschlägen, Unsicherheiten und Enttäuschungen. Kaum ein Autor, der diesen Spagat über dem emotionalen Abgrund nicht thematisiert – allen voran Goethe:

»Freudvoll
und leidvoll,
Gedankenvoll sein,
Langen
Und bangen
In schwebender Pein,
Himmelhoch jauchzend,
Zum Tode betrübt –
Glücklich allein
Ist die Seele, die liebt.«

Angesichts solcher Emotionsachterbahn fragt man sich ernsthaft, warum wir alle doch immer wieder davon träumen und nicht von der Klarheit und Zuverlässigkeit lebenslanger Bindung. Sein statt Haben, Eroberung statt Versicherung, Zittern statt Zufriedenheit – im emotionalen Bereich scheinen wir anders gestrickt zu sein als im beruflichen oder materiellen, wo wir Verlässlichkeit und Planbarkeit hoch achten und schätzen.

Woody Allen definiert Ehe als den »Versuch, zu zweit mit den Problemen fertig zu werden, die man allein niemals gehabt hätte«. Hollywood lebt von »Romantic Comedies« mit allen Irrungen und Wirrungen und thematisiert Ehe überwiegend in Streit oder Scheidung.

Statistiken weisen darauf hin, dass die Ehe dem Manne (und auch der Frau) schlecht bekommt: Ehemänner klagen doppelt so häufig über Kopfschmerzen wie Singles. Der Anteil von Männern mit viel Lebensfreude sinkt von 61 auf 40 Prozent. Die Gründe: 65 % langweilen sich beim Sex, 59 % fühlen sich vernachlässigt, 38 % meinen, ihre Frau sei zu dick geworden, und 12 % finden das Essen schlecht.

Kaum eine Zeitungsmeldung über einen geplanten Bund fürs Leben kommt ohne das Wortspiel »... traut sich« aus – als ob Hochzeit eine Mutprobe wäre. Und in den Festreden zur Eheschließung ist immer vom »Hafen« die Rede – als ob irgendjemand sein Leben gern festgetäut am Kai in einem Hafen verbringen würde. Die Medien berichten von Ehe nur, wenn sie schief geht – durch Seitensprünge unserer geliebten Promis, die offensichtlich unzufrieden mit dem Eintopf zu Hause sind.

Eine ganz neue und besonders deutliche Stimme im Chor des allgemeinen Eherequiems erhebt die amerikanische Soziologin Laura Kipnis mit ihrem Buch »Liebe. Eine Abrechnung«. Sie meint, erst habe die Arbeitsethik den Sport übernommen und ihm das Spielerische ausgetrieben zugunsten des »Work-out«. Jetzt sei das Gleiche geschehen mit Liebe und Ehe: man müsse daran »arbeiten«, sonst sei die Leidenschaft nicht lebenslang zu erhalten. Fragt sich nur, was das für eine Leidenschaft sein kann …

Wie in der Kindheit an den Eltern geübt, tausche man in der Ehe ständig Anpassung gegen Liebe. Man nenne es zwar Flexibilität und Kompromissfähigkeit, aber in Wirklichkeit ginge es um Selbstkastration durch das Befolgen des archetypischen »Könntest Du das bitte lassen, Schatz?«. Das innere Zentrum des Buches ist im Kapitel »Der häusliche Gulag« eine neunseitige Auflistung all dessen, was man als Ehepartner/-in nicht machen darf – und wer je in einer Ehe oder etwas Vergleichbarem gelebt hat, wird sich voller Schrecken und Lachen in achtzig Prozent der Sätze wieder erkennen.

Hier nur ein Ausschnitt:

»Sie dürfen nicht aus dem Haus gehen, ohne zu sagen wohin. Sie dürfen nicht offen lassen, wann Sie wiederkommen. Sie dürfen nicht bis nach Mitternacht ausbleiben oder bis nach elf oder zehn oder höchstens bis zum Abendessen oder Sie müssen von der Arbeit direkt nach Hause kommen. Sie dürfen nicht ausgehen, wenn der andere lieber daheim bleiben möchte. Sie dürfen nicht allein auf Partys gehen.

Sie dürfen nicht unordentlich sein. Sie dürfen nicht weniger als fünfzig Prozent der Hausarbeit erledigen, auch wenn der andere hundert oder zweihundert Prozent mehr Sauberkeit braucht, als Sie für nötig oder vernünftig halten.

Sie dürfen nicht das Falsche sagen, nicht einmal in Situationen, in denen man gar nichts Richtiges sagen kann. Sie dürfen nicht den »falschen Tonfall« haben und Sie dürfen den Vorwurf des falschen Tonfalls nicht zurückweisen, wenn er gemacht wurde.

Sie dürfen nicht zu schnell fahren; was zu schnell ist, legt Ihr Partner fest. Sie dürfen nicht zu dicht auffahren und vor allem nicht hupen. Den Fahrstil, das Blinken und Spurenwechseln Ihres Partners dürfen Sie nicht kritisieren. Beim Fahren dürfen Sie sich nicht aufregen oder über andere Fahrer schimpfen. Sie dürfen einen Mietwagen nicht zurückgeben, ohne den Müll vorher rauszunehmen, weil das nach Meinung Ihres Partners einen schlechten Eindruck macht, auch wenn Sie sicher sind, dass die Reinigung des Wagens im Preis enthalten ist. (...) Als Lohn für all dies winkt die Liebe.«

Kann man angesichts dieser geballten Unwetterfront unserem Paar noch empfehlen, seine Liebesbeziehung erwachsen werden zu lassen und sich sogar an das »Für immer!« zu wagen? Man kann und muss. Allerdings unter bestimmten Umständen. Auch die Institution Ehe muss überholt werden, soll sie zukunftsfähig bleiben.

Früher ging es bei ihr sehr stark um Dynastien, um finanzielle Sicherheit und um Rollenverteilung. Liebe, Romantik und Leidenschaft fanden oft woanders statt. Das ist heute meistens vorbei. Die Mehrzahl der Menschen in unseren Breiten akzeptiert eine Eheschließung ohne Liebe kaum. Wir wollen aus der atemlosen und idealisierenden Verliebtheit eine verlässliche und realistische Beziehung machen, die trotzdem von Liebesgefühlen lebt. Wir wollen jeden Spaß und jede Sinnlichkeit haben, aber trotzdem gut zusammenarbeiten, uns ergänzen und auf Augenhöhe partnerschaftlich miteinander kommunizieren. Und genau darum geht es!

Eine in den Westen geflohene Russin bemerkte kürzlich klug: In der ehemaligen Sowjetunion mit all ihrer materiellen Not stehe man in der Ehe Arm in Arm zusammen, um in der Bewältigung des Alltags stärker zu sein. Sie habe den Eindruck, dass sich Eheleute im Westen oft eher gegenüber stünden mit einer Fülle von unnötigen inneren Konflikten zwischen sich, die sie eher schwächten im Kampf mit der Außenwelt.

Da ist viel Wahres dran. Antoine de Saint-Exupéry sekundiert: »Liebe besteht nicht darin, dass man einander anschaut, sondern dass man gemeinsam in dieselbe Richtung blickt.« Lebenslange Liebe und die Institution der Ehe sollten stärken und befreien und nicht behindern und einsperren. Liebe sollte Menschen befähigen, über sich selbst hinauszuwachsen und den Himmel zu berühren. Sie sollte Flügel verleihen.

Wie lässt sich das bewerkstelligen? Wie lässt sich aus Übereinstimmung, Intimität, Unabhängigkeit und Sex – laut Hassebrauck/Küpper die vier Säulen der Beziehung – ein Haus bauen, in dem zwei Menschen glücklich leben, sich gegenseitig in jeder Lage unterstützen und ihre Liebe lebendig halten?

Von Bedeutung sind Geduld, Vertrauen, Respekt, Zärtlichkeit, Verlässlichkeit, Aufrichtigkeit und das Bemühen um Verständnis. Raum muss man geben für eigene Entwicklung, immer wieder den anderen überraschen, aufmerksam bleiben, sich nicht gehen lassen und die Erwartungen aneinander nicht zu hoch schrauben. Nie sollte man sagen »Früher hast du …« oder »Immer tust du …«. Und auf keinen Fall immer alles zusammen machen wollen.

Die drei wichtigsten Erfolgsfaktoren aber sind ohne Frage:

› Humor, denn anders ist das Leben mit einem anderen Menschen nicht erträglich.
› Akzeptanz des anderen, wie er ist, denn verändern kann man Erwachsene ohnehin nicht (und hat auch kein Recht dazu).
› Und Großzügigkeit in einem ganz breiten Sinne vom Schenken bis hin zum Freiheit-Lassen.

Wer das glaubt leben zu können, sollte lebenslange Liebe ohne jede Frage wagen und hat gute Erfolgschancen, auch wenn in Deutschland heute alle eineinhalb Minuten eine Ehe geschlossen wird und alle drei Minuten eine geschieden.

Vertiefen wir die drei Schlüsselfaktoren für unser junges Paar daher ein wenig:

Stichwort Humor: Da kann man nicht drüber reden; den hat man oder eben nicht.

Stichwort Akzeptanz: Wie viele Ehen gehen kaputt, weil ständig einer am anderen herumnörgelt, anstatt »liebenswerte Eigenheiten« (Loriot) in den Eigenschaften zu sehen, die man nicht ganz nachvollziehen kann!

Analysiert man, was man am anderen zu kritisieren hat, findet man schnell heraus, dass es meistens das ist, was den anderen von einem selbst unterscheidet. Das bedeutet, man setzt sich in der Kritik am anderen selbst absolut als Maßstab für gelungenes Menschsein. Zulässig? »Einen Menschen zu lieben heißt, ihn so zu sehen, wie Gott ihn gemeint hat.« (Dostojewski)

Nur muss, wer andere akzeptieren soll, sich selbst akzeptieren können. Nur wer sein Selbst anerkennt mit allen Fehlern und Schwächen, kann auch mit den Unzulänglichkeiten anderer Menschen liebevoll und nachsichtig umgehen.

Stichwort Großzügigkeit: Da geht es um ein ganzes Bündel von Einstellungen, um eine Lebenshaltung. Lädt man lieber ein zum Essen, oder trennt man die Rechnung penibel? Leiht man seine Haarbürste gern, wenn der andere sie vergessen hat, oder ärgert man sich innerlich zutiefst darüber? Schenkt man Rosen, Aufmerksamkeit, Geschenke, Überraschungen, Küsse und verrückte Ideen, als schöpfe man aus einem unendlich großen Meer, oder überlegt man, ob schon wieder etwas nötig sei?

Das ist die eine Seite der Haltung, die das Leben so viel bunter und lockerer werden lässt. Die andere fällt den meisten Menschen schwerer: Ist die Ehe oder die eheähnliche Verbindung für mich eher ein Käfig oder ein Freigehege? Sind in unserer Zweierbeziehung die Türen eher offen oder geschlossen? Kontrolliere ich meinen Partner oder gebe ich ihm oder ihr die Freiheit, die ich eigentlich auch zum Atmen brauche?

Das hängt mit Selbstsicherheit zusammen, mit Loslassen und Lässigkeit. Lebenslanges Bekenntnis zueinander bedeutet nicht Buchhaltung und Privatdetektive, sondern Lust auf- und aneinander aus tiefster Freiwilligkeit. Wer aus eigener Unsicherheit immer nur beobachtet, mit wem der andere redet, tanzt oder auch flirtet, um es ihm später aufs Brot zu streichen oder heimzuzahlen, wird weder zufrieden mit sich selbst sein noch glücklich mit dem anderen. Die Balance zwischen Bindung und Freiheit ist schwierig, aber erfolgsentscheidend.

Barbara Sichtermann hat in »50 Klassiker: Paare« die berühmtesten Liebespaare der Welt von Jean-Paul Sartre und Simone de Beauvoir bis zu John F. und Jackie Kennedy porträtiert. Bei jedem dieser großen, kreativen und prägenden Paare war diese Balance eine der großen Herausforderungen, die sie lebenslang begleitete. Erfolgreich, erfüllt und glücklich waren dabei jene, bei denen ganz klar war, dass ihre Liebesbeziehung das Zentrum ihrer Leben darstellte und nie von der Außenwelt infrage zu stellen war. Sie war Heimat und Polarstern, Koordinatennetz und Kraftspender. Was immer passierte an Beziehungen drum herum, war wichtig und spannend, aber eben »drum herum«. Fast jeder Mensch hat die Sehnsucht zu wissen, wo er hingehört, aber ebenso Lust auf

Eroberung und Abenteuer. Eines kann ohne das andere nicht funktionieren. Nur die Spielregeln müssen für beide klar sein, und ohne Würde, Eleganz und Intelligenz geht gar nichts. Diesen Weg muss jedes Paar für sich allein finden – aber es muss ihn suchen und immer wieder neu durch den Dschungel des Alltags bahnen. Ein kluger Mensch sagte kürzlich: »Eine Ehebeziehung funktioniert am besten, wenn beide ein wenig unverheiratet bleiben.«

Es ist ja schwer zu verstehen, warum wir Menschen immer wieder mal einen neuen kleinen Flirt, ein Kribbeln im Bauch, das Warten auf einen Rückruf brauchen. Fühlen wir uns erst dann wirklich lebendig (oder gar unsterblich), wenn uns das Herz bis zum Hals pocht und wir keinen Schlaf und kein Essen mehr brauchen? Ist es immer wieder der Versuch, sich in Attraktivität oder Potenz zu beweisen? Ist es die Suche nach den Elementen von Zusammensein, die uns der ansonsten noch so ideale Partner nicht geben kann? Oder ist es der lebenslange Kampf um die Bestätigung und Liebe, die uns unsere Eltern nicht ausreichend geschenkt haben?

Die Antwort kann nicht eindeutig ausfallen.

Wir sind zu komplex. Gar nicht erst mit Psychologie versucht hat es daher wohl der Texter von Franz Schuberts »Winterreise« und macht einfach ein höheres Prinzip dafür verantwortlich:

»Die Liebe liebt das Wandern –
Gott hat sie so gemacht –
Von Einem zu dem Andern,
fein Liebchen, gute Nacht!«

Wir sehen, serielle Monogamie ist kein Phänomen erst des 21. Jahrhunderts …

Was aber neu ist, ist eine ungeahnte biographische Beziehungsvielfalt zwischen den Geschlechtern. Michael Mary hat ein ganzes, sehr faszinierendes Buch dazu geschrieben: »5 Wege, die Liebe zu leben«.

Die Emanzipation der Ehe von Überlebensfragen und materieller Abhängigkeit öffnet den Horizont für eine Unzahl ganz individueller Lebensentwürfe für das Leben zu zweit. Das ist höchst erfreulich – und auch notwendig für die Zukunftsfähigkeit des Konzeptes Ehe. Wir werden in ausdifferenzierten westlichen Gesellschaften immer anspruchsvoller und individueller – und unser Beziehungsrahmen muss das tragen können. In der industriellen Sprache: Standardisierung ist out, Personalisierung angesagt. Und außerdem verändern wir uns stärker und länger im Lauf des Lebens, sind nicht so schnell festgelegt. Auch dafür muss der Rahmen groß genug sein. Das sehen wir ja auch im Berufsleben, wo immer seltener jemand lebenslang den Beruf ausübt, den er oder sie einmal gelernt hat.

Was kommt noch dazu an Rat für das junge, schöne Paar, das aus Verliebtheit Liebe machen will, aus Liebe vielleicht Ehe und daraus eventuell Kinder?

Den eigenen Weg jenseits aller Standards zu suchen und dabei der inneren Stimme zu vertrauen. Offen zu sein für all die Veränderungen, die Liebe erst lebenslang spannend machen, und trotzdem dem Partner das schöne Gefühl von Sicherheit und Verlässlichkeit zu geben. Innerlich lächeln zu können. Immer da zu sein für den Partner, in Glück und Unglück, Freude und Schmerz. Ihn zu unterstützen, wo immer das geht. Und Ernst Blochs Gedanken zur Ehe zu lesen und zu genießen:

»Der Weg aus den Abenteuern zu einem tieferen erotischen Komplex, der Breite und Dauer braucht, um sich aufzuschließen; und erst hinter dieser Breite, jenseits der zerteilten Landabenteuer, schlägt die offene Übersee, trägt uns der ungeheure Dampfer zur totaleren Reise in den unentdeckten, sich weithin rundenden Kosmos unseres Lebens.«

P.S. Um nicht zu philosophisch zu enden, hier noch zum intellektuellen Stretching einige Gedanken ganz junger Menschen aus einem Gespräch darüber, was schön und was schwierig sei an lebenslanger Liebe:

Zuerst das Schöne:

› Lebenslange Liebe liest Gedanken.
› Nach 40 Jahren Liebe kann sie auch unausgesprochen sein.
› Nie mehr Körbe.
› Liebe macht schön. Verliebte übernehmen die Schönheit des anderen, sagt man.
› In der Liebe zu zweit steht die Zeit still. Und das ein Leben lang.
› Weil Treue vor Aids schützt. Und anderem.
› Einen Partner zu finden ist kostenaufwändig, mühsam und in zehn Jahren vermutlich völlig unmöglich.
› Freiheit durch Einschränkung.

› Das Kamasutra-Buch wird zur Geschichte ohne Ende.
› Appetit kann man sich auswärts holen, gegessen wird zu Hause.
› Der Gedanke an Alimente schweißt zusammen.
› Dass die lebenslange Liebe wohl immer die gleiche ist, die Geliebten aber durchaus wechseln können.
› Man muss nicht immer können.
› Momente für die Ewigkeit suchen.
› Schon der Gedanke an sie ist schön.
› Jemand haben, der die Karte hält beim Autofahren.
› Auch nach dem Kater zu wissen, wer am Morgen neben mir liegt.
› Das Wissen, stärker als die Libido zu sein.
› Soloalben waren schon immer scheiße.
› Ein Rolls Royce hält länger als zehn Minis.
› Lebenslange Liebe drückt auch mal beide Augen zu.

Und das Schwierige:
› Abhängigkeit nervt.
› Eine lebenslange Liebe kann schnell enden.

› Jeder macht sich Sorgen ums Fremdgehen.
› Hochzeiten sind schweineteuer.
› 40 Jahre und nur zwei Stellungen.
› Sabine, Monika, Jennifer, Victoria, Andrea und Nina sind einfach aufregender als meine Hildegard.
› Dieser Tunnel nimmt kein Ende.
› Schwiegermutter inkl.
› Dass aus Liebe Freundschaft, aus Sex Gespräche werden.
› Das Ende der Spontaneität.
› Fett zu werden und es nicht zu bemerken.
› Zu wenig ich, zu viel wir.
› Kosenamen, die einen ein Leben lang verfolgen.
› Sie arbeitet gegen die Natur.
› (Wenn du Buddhist bist) Dass deine einzige Hoffnung im Leben nach dem Tod liegt.
› Dass dich deine Liebe eines Tages »Papa« oder »Mama« nennen wird.
› Dass du eines Tages nur lange arbeitest, um nicht nach Hause gehen zu müssen.
› Dass irgendwann die Geschenkideen ausgehen.
› Es geht nicht ohne, aber auch nicht mit.

Von der Freundschaft

Nur der Freundschaft Harmonie
mildert die Beschwerden,
ohne diese Sympathie
ist kein Glück auf Erden.

Die Zauberflöte

Über Fußball sprechen wir häufig, auch über Steuerreformen oder Seitensprünge. Über eines jedoch fast nie: über Freundschaft. Es ist nicht in Mode, und es ist schwierig, darüber zu sprechen. Deshalb wollen wir es hier einmal tun.

Dass Leben ohne Freundschaft nicht denkbar ist, beobachten wir schon an den Kindern. Wie unumstößlich ist Freundschaft im Kindergarten! Aus dem ganzen Gewusel von Vierjährigen wählen sich unsere Kinder drei aus, und das sind die Freunde oder Freundinnen. Da gibt es kein Pardon, da gibt es keine Alternative – und klar wird, wie tief verwurzelt Freundschaft im Menschen ist und wie schwer vorstellbar Leben ohne sie. Freundschaft ist eines der höchsten Güter unseres Lebens, vielleicht das wichtigste neben der Liebe, und sie macht Leben erst zu Leben.

Aber Freundschaft will gelernt sein. Die kleinen Gesten, das Zeigen von Gefühlen, die Briefe und Notizen, das Sich-Kümmern, das Immer-wieder-bereit-Sein … Es gibt eine »art of friendship«.

Woher nur kommt das Gefühl? Warum gerade der und nicht jener oder die und nicht jene? Jeder von uns lernt so unendlich viele

Menschen kennen, aber plötzlich ist da jemand, dem man etwas länger in die Augen schaut. Man spürt Gemeinsamkeiten, Sympathie. Man berührt den Arm des anderen aus einem bestimmten Gefühl heraus, unterschreitet die Normaldistanz. Lacht gemeinsam. Ein Gefühl wunderbarer Nähe entsteht, man freut sich aufeinander. Aristoteles fasst es auf das Wunderbarste zusammen: »Ein Freund ist eine Seele in zwei Körpern.«

Daraus entsteht sie dann, diese existenzielle Verbindung. Man kann über alles reden, sich offen kritisieren, ohne zu verletzen, und nimmt doch den anderen, wie er ist. Kein Rollenspiel, keine Show ist nötig. Man muss nichts beweisen, wird nicht ausgelacht oder fallen gelassen. Freundschaft ist Aufforderung zum Selbstsein.

Das ist das eine Element. Und das andere:

Freunde sind füreinander da. Sie sind in jedem Moment und an jedem Ort bereit zur Hilfe und zu Opfern. Sie können sich aufeinander verlassen, in guten und in bösen Tagen.

Stimmt eigentlich, was Ovid sagt?

»Während das Glück dir lacht, wirst Freunde du zählen in Menge; wenn sich der Himmel bewölkt, findest du bald dich allein.«

Leider ja, wenn Freundschaft instrumentalisiert wird. Wenn sie Mittel wird, um Menschen an sich zu binden, die einem nützen können. Wenn sie verkommt zum »network« von wichtigen Menschen, die einem eben nur durch ihre berufliche Position nützlich sein können. Wahre Freundschaft allerdings transzendiert das mühelos und lässt Freunde gemeinsam durch dick und dünn gehen, durch fette und magere Jahre.

Wenn sie gut ist, bettet eine Freundschaft ein und federt ab. Sie bewahrt vor jeder Art von Kurzschlusshandlung (ob in Pubertät oder Midlifecrisis), sie bildet ein Netz der Fürsorge und Eingebundenheit und wird zu einem Alter Ego, das uns beschützt – manchmal vor uns selbst. »Es soll ein Freund des Freundes Schwächen tragen« (Albert Schweitzer).

Das Schöne ist, dass dies auch im Wettkampf klappt. Wenn sich die beiden Kontrahenten nach dem Finale in Wimbledon umarmen, ist dies eine der schönsten Gesten, die in der Freundschaft möglich sind. Beides ist wichtig: der Wettkampf und die Freundschaft! Auf Freunde schießt man nicht.

Und noch etwas Schönes: Es gibt keine Ausschließlichkeit. Eifersucht ist der Freundschaft relativ fremd. Hier unterscheidet sie sich von der Liebe. Man kann mehrere Freunde haben – wenn auch sicher nicht zu viele, denn Inflation und Freundschaft vertragen sich nicht. Es mag nicht stimmen, dass man wirkliche Freunde immer nur an einer Hand abzählen kann, aber Heerscharen sind schwer vorstellbar.

Wie verhält sich die Freundschaft sonst zur Liebe? Man sagt, aus Liebe werde im besten Falle Freundschaft (»Lass uns gute Freunde bleiben!«). Aber wie oft gelingt das wirklich? Umgekehrt wird aus Freundschaft nicht unbedingt oft Liebe. Trotzdem: In den romanischen Sprachen haben »Amour« und »Amitié« den gleichen Wortstamm. Es gibt da eine innere Verbindung, und ein ganz wenig verliebt ist man sicher manchmal in einen guten Freund oder eine umwerfende Freundin.

In jedem Fall kann man mit einem Freund gut über Liebe sprechen. Und man kann schweigen. Einfach schweigen.

Egal, was man tut: Wichtig ist die Qualität der Freundschaft, nicht die Quantität des Zusammenseins. Wenn Sie das hier lesen, schicken Sie doch bitte Ihren Namen und Ihre

Adresse an meine Internetadresse aus dem Vorwort. Mich hat als Verleger und als Autor schon immer interessiert, inwiefern Bücher wirklich gelesen werden (und von wem). Sie erhalten als Dank eine kleine Prämie von mir. Jetzt geht der Text über Freundschaft weiter: Man muss wissen, dass der Freund jederzeit zur Verfügung steht und dass es nach der ersten Umarmung sofort wieder jene Nähe gibt, die einen so eng in Freundschaft bindet.

Lord Byron sagt mit zynischem Unterton:
»Im Lenze der Jugend,
da träumt das Gemüt
und schwärmet von Freundschaft,
die nimmer verblüht.«

Ist Freundschaft Jugendschwärmerei? Merken wir im Zuge des Erwachsenwerdens, dass sie eine Illusion ist, vielleicht ein eingeredetes romantisches Gefühl? Nein! Sie lebt, sie ist möglich, und wer sie hat, braucht darüber nicht viele Worte zu verlieren.

Deshalb auch hier jetzt genug der Worte und zurück zur angenehmen Selbstverständlichkeit, die keiner Worte bedarf.

Vom Mitgefühl

Aber wir haben keine Alternative zu Mitgefühl (…) und der Einheit der Menschheit: Das ist der einzige Weg, um dauerhaftes Glück zu erreichen.

Dalai Lama

Welche Songs berühren die Seele unseres Landes in diesen schwierigen Zeiten am stärksten – und verkaufen sich daher auf sensationelle Weise siebenstellig? Die von Herbert Grönemeyer auf seiner CD »Mensch« – der ersten nach dem Tod von Frau und Bruder geschaffenen.

Ich will meinen Text vom gelungenen Leben mit einer Passage daraus beginnen – und auch enden lassen.

Aus »Unbewohnt«: »Ich steh auf, streun durchs Haus_Geh zum Kühlschrank, mach ihn auf_Er ist kalt, er ist leer_Beweg mich im aussichtslosen Raum,_Führ Selbstgespräche, hör mich kaum,_Bin mein Radio, schalt mich aus_ _Würde mich gern verstehn,_ Aber ich weiß nicht, wie das geht_Der Grundriß ist weg_«.

Darf ich angesichts solcher Gefühlslage zu einer kleinen Zeitreise einladen?

Erinnern Sie sich an den frühen Werbespot für »Magnum«-Eis, in dem ein Junge nach leidenschaftlicher Umarmung einer herrlichen Frau zum Kondomautomaten eilt, daneben aber einen Eisautomaten erblickt – und sich entscheidet, seine eine Münze dort hineinzuschieben? Die Stimme im Off kommentiert dies mit »Manchmal muss man Prioritäten setzen«.

Erinnern Sie sich (hoffentlich nicht aus eigener Erfahrung) an all die Selbstverwirklichungsseminare, nach deren Besuch die eigene Ehe in die Brüche ging?

Erinnern Sie sich an die Zeit, als man plötzlich nicht mehr zu zweit tanzen wollte, um ungestört und selbstverliebt dem eigenen Narzissmus frönen zu können?

Vergessen Sie diese Erinnerungen nie! Aber legen Sie sie ab unter »Notwendiges Ausschlagen des historischen Pendels« oder unter »Irrweg wegen existenzieller Orientierungslosigkeit«.

Die Flut im August 2002 war ein trauriges Symbol für das Scheitern der Ich-und-mein-Magnum-Generation. Die bewegende Solidarität der »Generation Sandsack« mit den Flutopfern war nur der plakative Schlusspunkt im Konkurs der Ich-AG. Sie musste untergehen in den Fluten der Geschichte – mitsamt dem ganzen »Was springt dabei für mich heraus?«-Denken.

Warum? Wir könnten es uns leicht machen mit der Begründung und einfach die Bibel zur

Hand nehmen. Wir könnten auch die Nikomachische Ethik des Aristoteles bemühen oder – etwas mehr im Trend – auf die Überwindung des Egoismus im buddhistischen Denken hinweisen.

Aber wir sollten es uns nicht zu einfach machen. Wir wollen tiefer schürfen. Lassen Sie uns Friedrich Schorlemmer lesen:

»Jeder sieht zu, wo er bleibt. Jeder macht seinen Job, falls er einen hat. Jeder bleibt sich selbst der Nächste. Jeder geht an jedem vorbei, ob er stößt oder gestoßen wird, geht oder gegangen wird. Einfach vorübergehen, ich an Ihnen, Sie an mir.«

Jenseits aller moralischen und religiösen Forderungen: Das ist die Sackgasse, in die wir uns nach dem Fall erst der Religion und dann der Mauer haben hineintreiben lassen. Sie bedeutet Eiszeit für die Seele, soziale Kälte, Rücksichtslosigkeit und Zynismus. Auf die Erziehung unserer Kinder bezogen, bedeutet sie Erfurt.

Wir brauchen uns nicht das Selbstverständliche zu bestätigen. Natürlich kann Wohlstand nur entstehen durch Wettbewerb, Leistungswillen, Ehrgeiz und eine gesunde Portion Egoismus. Natürlich ist der Kapitalismus das einzige System, das uns weiterbringt. Und natürlich trägt er raubtierhafte Elemente des Kampfes aller gegen alle in sich – und braucht dies, um Fortschritt zu erringen.

Aber er muss beseelt werden durch Menschlichkeit, Wärme, Spontaneität und Leidenschaft. Sonst ist er wie der deutsche Fußball: erfolgreich und effizient, aber irgendwie ungeliebt.

Dem Menschen an sich ist die Mit-mir-nicht-Mentalität einer erkalteten Gesellschaft fremd. An seine eigene Schulter kann man sich nicht lehnen. Und sich selber küssen geht nur in einem kalten Spiegel.

Wir wissen aus der Wirtschaft, dass wir im Team immer besser sind – und dass Teamarbeit bedeutet, sich oft mühsam auf andere einzustellen und sie im Prozess zu halten.

Wir wissen aus der Evolutionsforschung, dass der Natur das Individuum unwichtig ist – und nur die Erhaltung der Art zählt.

Wir wissen aus der Psychologie, dass der Weg zum persönlichen Glück immer über den Umweg des Glücks anderer führt – oder anders gesagt, dass das Engagement für Familie,

Freunde und Dritte paradoxerweise glücklicher macht, als sich immer nur um das eigene Fortkommen zu kümmern.

All das bedeutet, dass die Ich-AG langfristig in den Konkurs treibt angesichts der Stärke der Wir-AG. Dies zu erkennen, ist eine Frage der Reife und Menschenkenntnis. Beides konnten die jungen Nicht-Krawattenträger der New Economy nicht haben. Den Alleinfahrenden drückt eben am Skilift der Bügel, und keine Heizung der Welt bringt dir menschliche Wärme.

Wir brauchen einander in einem ganz existenziellen Sinne – und nicht nur in der freundschaftlichen Verbindung, in der Schulklasse, im Team, in Liebe und Leidenschaft oder zur Reproduktion. Wir brauchen den Pakt zwischen den Eltern, die ihren Kindern durch Erziehung und Liebe ein Trampolin ins Leben bauen, und der nächsten Generation, die sich später fürsorglich um die altgewordenen Eltern kümmert. Wir brauchen trotz aller Privatisierungstendenzen in der Altersvorsorge den Pakt zwischen den Generationen, d.h. zwischen den Arbeitenden und den Ruheständlern. Wir brauchen zu Frieden und Stabilität in einer zusammenwachsenden Welt gemeinsame Anstrengungen zur Sicherung des Notwendigsten für die Ärmsten der Armen, sonst werden wir viele Flugzeugangriffe auf Wolkenkratzer und Geiselnahmen in Schulen und Theatern erleben. Wir brauchen nach Wegfall von Wehrpflicht und Zivildienst ein soziales Pflichtjahr – und zwar nicht nur den Kranken, Alten, Behinderten und Schwachen zuliebe. Sondern auch, weil die Erfahrung des Helfens unabdingbar ist für die Entwicklung zu einer reifen und charakterstarken Persönlichkeit.

Wir sind Engel mit nur einem Flügel – aber eben nicht nur in dem romantischen Sinne, dass nur in der Liebe der Mensch zum Menschen wird.

Und bei alldem geht es immer um Eigeninteresse, die Triebfeder hinter Kapitalismus und Marktwirtschaft. Ich selbst kann in meinem Leben nur dann glücklich und erfolgreich sein, wenn ich es nicht allein auf meine Interessen hin lebe, sondern mindestens gleichwertig auf die meiner Mitmenschen hin. Daher muss kein Pfarrer auf die Belohnung im Jenseits verweisen. Wir erhalten sie hier und heute durch die immense Befriedigung, aus dem begrenzten eigenen Kosmos zu treten und sich als Teil eines Ganzen zu fühlen. Es ist ähnlich paradox wie beim Einschlafen: Je direkter ich es versuche, desto mehr werde ich dabei scheitern …

Oder um es in der Sprache der Golfer zu sagen: Der richtige Schwung, jener magische Moment, in dem alles stimmt, führt von mir selbst weg.

Das führt zu einer Fülle konkreter Konsequenzen. Ich will hier nicht darüber reden, was der Staat in unserer sozialen Marktwirtschaft zu tun hat – das hören wir zur Genüge, aber leider wenig befriedigend in jedem Wahlkampf. Es geht um uns, als Väter und Mütter, Freunde und Nachbarn, Bürger und Erwerbstätige in unserer ganzen Rollenvielfalt. Und sagen Sie nicht, Sie können den Mitmenschen in sich am Firmenempfang abgeben oder Ihr Berufsethos in der Diele zu Hause! Das mag die Dinge in der jeweiligen Umgebung vereinfachen, Ihrem hohen Anspruch an sich selbst wird es nicht gerecht werden.

Mit der Erziehung geht es los. In diesem Lande wachsen sehr viele Kinder in einem Umfeld auf, in dem echte materielle Notlagen oder gar Existenzängste kaum eine Rolle spielen. Sozial abgesichert bis zum Anschlag, ohne direkte Konfrontation mit Krieg, der zerstört und mordet. Die Eltern sind oft geschieden, in den Großstädten dominieren die Singlehaushalte. Wir müssen dagegen kämpfen, dass sich in den Hirnen und Herzen dieser Kinder der monströse Irrglaube formt, man könne allein ein schmerzfreies und kalkulierbares Leben führen. Michael Jackson hat keine Freunde mehr. Und digitale Welten mögen von noch so perfekten virtuellen Helden bevölkert sein, Mitgefühl, Freundschaft, Zuhören und Hilfsbereitschaft lehren sie nicht! Eher schon den Verlust des Gefühls für Konsequenzen und der Scheu vor Gewalt …

Aber nur ein verallgemeinernder Satz ist immer richtig: Jede Verallgemeinerung ist falsch. Denn die Flutkatastrophe im Osten Deutschlands hat in beeindruckenden Bildern gezeigt, was jede aktuelle Studie über die deutschen Jugendlichen herausfindet: Sie sind trotz aller Beeinflussung in der genannten Richtung gar nicht so egoistisch wie angenommen. Sie brechen ihren Urlaub ab, um in Bitterfeld Sandsäcke zu schleppen. Drei von vier engagieren sich in der Jugend- oder Sozialarbeit, im Umweltschutz, bei der Feuerwehr oder in den Kirchen. Die so genannte Jugend ist eben nie an sich gut oder schlecht, und menschliche Grundkonstanten wie Mitleid und Helfenwollen brechen sich besonders deutlich dann ihre Bahn durch Konvention und Mode, wenn Katastrophen uns zutiefst verunsichern und auf unsere nackte Existenz zurückwerfen. Das hat schon Heinrich von Kleist meisterhaft im »Erdbeben in Chili« beschrieben.

In meinem leidenschaftlichen Plädoyer gegen den Egoismus bin ich über das Thema Erziehung fast unbemerkt zum ehrenamtlichen Engagement gekommen. Jede und jeder von Ihnen mit einiger Lebenserfahrung weiß, dass Lieben auf die Dauer befriedigender ist als geliebt zu werden. Und Schenken als beschenkt zu werden. Diese Erkenntnis macht wohl auch jeder, der sich für andere engagiert, die es brauchen können. Den empirischen Beleg dafür finden Sie in Stefan Kleins Bestseller »Die Glücksformel« im Kapitel »Das magische Dreieck«.

Wenn wir nach weiteren empirischen Belegen für die steigende Bedeutung des Prinzips »Wir-AG« suchen, werden wir bei den neuen

Formen des ehrenamtlichen Bürgerengagements schnell fündig. In den USA sowieso: 93 Millionen Bürger (fast die Hälfte der Bevölkerung über 18 Jahre) leisten dort in ihrer Freizeit »Charity«-Dienste. Durchschnittlich widmet jeder Freiwillige vier Wochenstunden solcher Tätigkeit. Der Geldwert dieser Stunden bemisst sich jährlich auf über 200 Milliarden Dollar! (vgl. Rupert Graf Strachwitz (Hg.): Dritter Sektor – Dritte Kraft, S. 67)

Aber auch Deutschland hat verstanden und den neuen Bürgersinn entdeckt: Jeder dritte Deutsche engagiert sich ehrenamtlich für Arme, Schwache und Kranke. Die Zahl hat in den letzten Jahren stark zugenommen. Nach gelebter Solidarität und Nachbarschaftshilfe in den Aufbaujahren der Republik hatten wir angesichts des entstehenden Wohlstandes angefangen, uns eher von der Not abzugrenzen und die Solidarität an große Sozialverbände wie die Caritas oder das Diakonische Werk zu delegieren. Nun kehren wir zurück zum Prinzip, dass jeder anzupacken hat. »Helfen macht stolz« war der Slogan der Dresdner Bürgerstiftung für Flutopfer, und beim Brand der Anna-Amalia-Bibliothek in Weimar bargen dutzende Freiwillige in der Nacht die Bücher, die noch zu retten waren.

Die angepackten Themen sind so vielfältig und bunt wie unser aller Leben. Jeder kann seinen Platz in den engagierten Teams finden. Und für jeden ist – natürlich – sein Projekt das wichtigste. Das kann gar nicht anders sein, will man irgendetwas bewegen. Werfen wir einen Blick in die Liste der Auszeichnungen des Bundespräsidenten zum »Tag des Ehrenamtes«: Sach- und Lebensmittelspenden für Obdachlose und Bedürftige; Organisation von Basarerlösen und Kleidersammlungen für Tansania; Betreuung einer Altentagesstätte; Einsatz im »Hospiz Luise« für Schwerstkranke; Unterstützung von traumatisierten Frauen im ehemaligen Jugoslawien; Vitaminspendenaktion für strahlengeschädigte Kinder in Weißrussland; Integration von Flüchtlingen und Asylbewerbern; Rund-um-die-Uhr-Betreuung eines gelähmten Jungen …

Es fällt mir schwer aufzuhören. Sie alle spüren mit mir, dass jedes dieser Projekte unendliche Bedeutung hat für den Helfenden und den Hilfsempfänger. Sie alle spüren, dass die Auswahl des jeweiligen Themas so subjektiv ist wie die Liebe. Sie alle spüren, dass die Welt nicht funktionieren würde ohne solche Einstellung. Und Sie spüren sicher – darauf werden wir zurückkommen –, dass wir all das auf gar keinen Fall dem Staat überlassen dürfen!

In diesem Zusammenhang will ich kurz die ebenfalls sehr subjektive Geschichte erzählen, wie ich selbst als Unternehmer und Publizist in ein solches ehrenamtliches Engagement kam und wie unendlich wichtig es mir geworden ist. Lebendige Beispiele überzeugen mehr als abstrakte Gedanken …

Aus genau der geschilderten Skepsis der staatlichen Effizienz gegenüber habe ich 1994 mit über 30 engagierten Persönlichkeiten aus Politik, Wirtschaft und Medien die Organisation CHILDREN FOR A BETTER WORLD gegründet. Worum ging es uns dabei? Wir wollten Kindern in Notsituationen Heimat und Hilfe im weitesten Sinne des Wortes geben – und zwar auf unbürokratische Weise. Wir wollten, dass sich die betroffenen jungen Menschen selbst an den Projekten beteiligen. Und wir wollten, dass alle Verwaltungs- und Managementkosten übernommen würden, sodass jede Mark in die Hilfsprojekte fließen würde.

Heute können wir mit ein wenig Stolz sagen, dass wir alle unsere Ziele erreicht haben. Unter Einhaltung der genannten Kriterien haben wir schon über fünfzig Kinderhilfsprojekte in der ganzen Welt unterstützt oder ermöglicht – vom therapeutischen Bauernhof für misshandelte Kinder in Süddeutschland über ein großes Waisenhaus in Ruanda bis zum Haus für krebskranke Kinder in Halle. Aus einem Startkapital von 160 000 Euro wurden weit über acht Millionen, die wir spenden konnten!

Warum all der Einsatz? Warum nicht einfach einen Scheck an eine Großorganisation schicken? Zeit ist doch unsere knappste Ressource! Bedenken Sie: Ohne Henri Dunants Aktivität angesichts der schlechten Versorgung der Verwundeten von Solferino gäbe es kein Rotes Kreuz …

Die Motivation für mein Engagement (übrigens ganz »biblisch« etwa zehn Prozent meiner Zeit) unterscheidet sich nicht von der Hunderttausender anderer Helfer: Was steuerlich als »non-profit« zählt, ist im Persönlich-Menschlichen äußerst profitabel. Man lernt Menschen kennen, die man sonst nie kennen gelernt hätte, oder die schon bekannten von ganz neuen Seiten; man erfährt einen ungeahnten Sinn in seinem Tun; man gibt ein Stück der Privilegiertheit der eigenen Lebenssituation ab – und empfindet das als gerecht und angemessen; und man ist zutiefst bewegt, wenn man im direkten Kontakt sieht, wie existenziell wichtig die oft so einfache Hilfe für die Betroffenen ist und zu welchen Emotionen sie führt.

In der Bibel steht kurz und bündig (Lukas 6, 38): »Gebt, so wird euch gegeben.«

Aus dieser Weisheit heraus erübrigt sich meines Erachtens auch die Diskussion, wo der Altruismus aufhört und der Egoismus beginnt. Beide sind untrennbar miteinander verwoben – und sei es bis zu dem Punkt, dass man sich schlecht fühlte, hülfe man nicht. Morton Hunt definiert Altruismus in seinem sehr lesenswerten Buch »Das Rätsel der Nächstenliebe« (S. 19) so:

»Ein Verhalten zum Vorteil anderer, das mit gewissen eigenen Opfern verbunden ist und ohne Erwartung einer Belohnung aus externen Quellen oder zumindest nicht primär aufgrund einer solchen Erwartung erfolgt.«

Die Forschung hat sich viele Gedanken zum Thema Altruismus gemacht, widerspricht seine schiere Existenz doch scheinbar dem Urtrieb, nur das zu tun, was die eigenen Überlebenschancen erhöht. Wenn – laut Plautus und Thomas Hobbes – der Mensch dem Menschen ein Wolf ist, wie können wir dann erklären, dass Menschen hilfsbereit miteinander umgehen, sich gegenseitig unterstützen und die »soziale« Marktwirtschaft proklamieren? Gibt es ein Altruismus-Gen? Oder gibt es Instinktmechanismen, die uns in die Lage versetzen, auf die Not anderer Menschen mit Verhaltensweisen zu reagieren, die sich durch soziale Erfahrung zu richtiggehendem Altruismus auswachsen können? Oder ist Altruismus nur – wie der französische Theologe und Pädagoge Fénelon schrieb – »eine besonders raffinierte, täuschende und teuflische Form der Eigenliebe«?

Uns kann das eigentlich ziemlich egal sein. Mir ist es auch recht, wenn uns Engagement für andere öffentliche Anerkennung und Imagegewinne einbringt. Die Motivationslage zum Helfen ist immer höchst komplex (und oft von konkreter Noterfahrung im persönlichen Umfeld angestoßen). Hauptsache, es wird geholfen! Die menschliche Genstruktur hat im Lauf der Jahrtausende wohl begriffen, dass wir alle im Sinne des »summum optimum« mit sozialer Zugewandtheit besser fahren – und evolutionsbiologisch sicherer überleben. Deshalb müssen angesichts der strukturell hohen Arbeitslosigkeit in diesem Lande endlich das Helfen und jegliches soziale Engagement Teil des Begriffes menschlicher »Arbeit« werden!

In diesem Zusammenhang möchte ich kurz auf die so genannten »Charity Ladies« eingehen. Ich persönlich könnte den meisten von ihnen Blumen des Dankes schicken, ob es sich nun um die ganz bekannten Politiker- oder Wirtschaftsführergattinnen handelt oder um die zahllosen, die in Garten- oder Golfclubs Benefizveranstaltungen organisieren. Ihnen gebühren Orden, denn sie richten den Scheinwerfer öffentlicher Aufmerksamkeit auf Problembereiche, sie unterfüttern schöne Abende mit Sinn und sammeln große Mengen Geldes mit Green Fees, Tombolas oder Auktionen, von denen Non-Profit-Organisationen leben.

Hinter dem geschilderten Engagement stehen persönlicher Einsatz, gute Ideen und das größte Geschenk, das wir zu vergeben haben: Zeit. Khalil Gibran sagt in »Der Prophet«:

»Ihr gebt nur wenig, wenn ihr von eurem Besitz gebt.

Erst wenn ihr von euch selbst gebt, gebt ihr wahrhaft.«

So unendlich befriedigend direkte Hilfe ist – viele von uns aber haben einfach keine Zeit und können diese auch nicht wundersam vermehren. Dann ist Geld als Spende für den Hilfsbedürftigen ebenso wichtig, und die Aktivität muss an bezahlte Profis »outgesourct« werden. Auch in dieser Hinsicht sind uns die USA voraus: Der Spendenanteil am individuellen Einkommen liegt etwa beim Drei- bis Vierfachen von unserem. Der durchschnittliche deutsche Haushalt spendet jährlich 250 Euro. Diese Zahl ist in den letzten Jahren sehr stabil, auch wenn sich katastrophenbedingt die Schwerpunkte verschieben. Unsere religiöse Tradition wird darin sichtbar, dass über 60 % aller Spenden im Dezember getätigt werden.

Eine interessante und problematische Erfahrung der Caritas: Bei einem Erdbeben in Chile gab es 300 000 Obdachlose, aber kein besonderes Bildmaterial – aufgrund des normalen Spendenaufrufes kamen 100 000 Euro zusammen. Kurz darauf wurden »nur« 25 000 Menschen bei einem kolumbianischen Vulkanausbruch obdachlos, aber ein erschütterndes Foto von einem Mädchen im Schlamm ging um die Welt – und über fünf Millionen wurden gespendet. Nichts öffnet Geldbörsen schneller als das Antlitz existenzieller Not.

Das Deutsche Zentralinstitut für soziale Fragen, neben dem Deutschen Spendenrat eine Art TÜV für karitative Organisationen, schätzt die Zahl der wirklich aktiv geldsammelnden gemeinnützigen Organisationen in Deutschland auf 20 000. Was für eine Vielfalt, was für eine Lebendigkeit! So elementar wichtig die großen wie SOS-Kinderdörfer, UNICEF, Johanniter Unfallhilfe, Misereor oder Brot für die Welt sind, lassen wir die kleinen nicht hängen, wenn wir statt Weihnachtsgabe oder für ein Geburtstagsfest einen guten Zweck suchen!

Und wenn Sie wohlhabend sein sollten, langfristig Gutes bewirken und sich gleichzeitig ein Denkmal setzen wollen im besten Sinne des Wortes, dann stiften Sie! Errichten Sie eine Stiftung mit genau dem Zweck, der Ihnen persönlich wichtig ist! Ob es nun 100 000 Euro sind oder 21 Milliarden Dollar wie bei Bill

Gates, ob es anonym geschieht oder mit großer Öffentlichkeitswirkung, ob es aus Dankbarkeit für ein glückliches Leben herrührt oder aus Frustration über misslungene Erben, wir können die Beantwortung mancher Sinnfrage und auch ein Stück Unsterblichkeit sicherlich brauchen. Das letzte Hemd hat keine Taschen …

Denken Sie doch einmal an die Vorbildfunktion tüchtiger Unternehmer und Stifter wie Rockefeller oder Guggenheim, Körber oder Bosch, Otto oder Mohn! Ob der Stiftungszweck nun die »Linderung von allerhand Not« (wie bei Robert Bosch) oder das »well-being of mankind« (wie bei Rockefeller) ist: »Stiftungen sind Pioniere auf dem Weg zur unmittelbaren, spontanen, dezentralen, effizienten, vielfältigen Verbindung von unternehmerischer Dynamik und Dienst am Gemeinwohl« (Roman Herzog in »Handbuch Stiftungen«).

Natürlich müssen sie genauso gut gemanagt werden wie ein Unternehmen. Sie müssen transparent sein, ihren Zweck kontrollierbar erfüllen und klar Rechenschaft darüber ablegen, sonst werden sie zum Selbstzweck und Spielzeug. Funktionieren sie gut, können sie zu »einer Art Widerlager sowohl gegen die Verantwortungsmüdigkeit wie gegen den Verstaatlichungsdruck« werden; sie füllen »die Räume aus, in denen der Staat nicht tätig sein kann oder womöglich gar nicht tätig werden sollte« (so Joachim Fest in »Die großen Stifter«).

Wenn Ihnen nur eines in Erinnerung bleibt von meiner langen Liste von guten Gründen, Gutes zu tun, dann bitte dieses: Überlassen wir es angesichts der ohnehin schon katastrophal hohen Steuerlast nicht dem Staat, uns von der Wiege bis zur Bahre in seine behördliche Obhut zu nehmen. Wir können zu vieles besser, effizienter und pluralistischer. Und wir können uns um unendlich wichtige Einzelthemen kümmern, die der Staat in seiner Orientierung auf Mehrheiten nie abdecken kann. Dem privat organisierten Dritten Sektor, in dem heute schon acht Prozent der Beschäftigten arbeiten, gehört die Zukunft, wenn es darum geht, Not zu lindern und Bedürftigen zu helfen. Nehmen wir die Herausforderung an! Und fordern im Gegenzug, dass die steuerliche Abzugsfähigkeit von Spenden und Stiftungen radikal erweitert wird. Jeder Euro weniger Steuer wird das Dreifache an realer Hilfe bringen!

Im 19. Jahrhundert verloren viele das stützende Korsett der Religion, die Belohnung im Jenseits versprach, wenn wir nur Gutes im Diesseits täten. Im 20. Jahrhundert verloren wir jegliche Hoffnung, dass Ideologien wie der Sozialismus zu allgemeinem Glück führen könnten. Übrig bleibt nach dem Fall der Mauer die Überzeugung, dass Wettbewerb, Leistungsgesellschaft und Kapitalismus das beste Rezept für ein gesundes und erfolgreiches Zusammenleben auf diesem Planeten bilden. Und der Konsens, dass die darauf basierende Marktwirtschaft eine soziale sein muss.

Nun dürfen wir die Ausgestaltung dieser sozialen Komponente nicht allein dem Staat und seinen Hängematten überlassen.

Wir alle sind gefordert, dem Kapitalismus Seele einzuhauchen und ihm zu größtmöglicher Menschlichkeit zu verhelfen. Jeder und jede in seinem oder ihrem Bereich, mit ganz persönlichen Zielen und Methoden, mit ganz individuellen Interessen und Motiven. Ob durch ehrenamtliches Engagement oder Spenden, ob als Stifter oder »Corporate Citizens« – Altruismus und Mitgefühl haben viele Gesichter und Ausprägungen.

Lassen Sie uns John F. Kennedy ernst nehmen: »Fragt nicht, was euer Land für euch tun kann – fragt, was ihr für euer Land tun könnt.« Lassen Sie uns durch eine humane Ausgestaltung des Kapitalismus die Gefahr für weitere Verirrungen in den Terror verringern! Lassen Sie uns Vorbilder werden für unsere Kinder! Lassen Sie uns Deutsche nicht nur in Auto- oder Maschinenbau Goldmedaillen gewinnen, sondern auch in der Kategorie effizienter, schneller und menschlicher Hilfe, wo immer sie gebraucht wird!

Und lassen Sie mich mein Plädoyer gegen den Egoismus abschließen, wie ich es begonnen habe – mit Herbert Grönemeyer:

»Der Mensch heißt Mensch_Weil er irrt und weil er kämpft_Weil er hofft und liebt_Weil er mitfühlt und vergibt_Weil er lacht, weil er lebt.«